de - Grace - Gratia - Én - Hesed - Charis - Prasad

Erstauflage: 20.11.2011

Umschlaggestaltung: Wibke Holle-Schelp
Druck und Bindung: Media-Print Informationstechnologie GmbH
Printed in Germany
ISBN 978-3-942415-05-7

www.elph-media.net

Mhaádeii

Ginada

elph|media

weil ich dich liebe ...

... so wie ich mich liebe

Sinn und Unsinn

Was ist der Sinn des Lebens? Diese Frage habe ich mir zwischen meinem zwölften Lebensjahr und meinem sechsunddreißigsten Lebensjahr immer wieder einmal gestellt und keine Antwort darauf gefunden. Was darauf schließen lässt, dass ich mich selbst nach meinem zwölften Lebensjahr verloren haben, und mich vor meinem sechsunddreißigsten Lebensjahr wieder gefunden haben muss, denn sonst hätte sich die Frage schon vorher gestellt oder sie wäre danach immer noch relevant gewesen.

Ein selbstverwirklichter Mensch sucht den Sinn seiner Existenz nicht und stellt seine Lebensbedingungen niemals infrage. Er ist mit seinem Leben zufrieden, ist immer zur richtigen Zeit am richtigen Ort und erfüllt die richtigen Aufgaben, weil sich sein Lebenssinn aus dem natürlichen Fluss des Lebens heraus von Augenblick zu Ausgenblick ergibt. Selbstverwirklichte Menschen betrachten ihr Leben als persönliche Spielwiese voller kreativer Möglichkeiten. Sie betrachten die Welt so, wie Kinder es tun, denn es ist nicht wahr, dass Kinder ein begrenztes Bewusstsein haben und nicht viel verstehen können, sozusagen geistig noch nicht voll entwickelt sind. Im Gegenteil, Kinder werden im vollen Bewusstsein geboren und verlieren erst im Laufe der Zeit ihren Zugang zum Höchsten Selbst in dem Maße und in dem Tempo, in dem sich ihr Niederes Selbst, das Ego, aufbaut. Die erste Ego-Stufe mit der Wahrnehmung von „Ich bin“ entwickelt sich in der Regel zwischen dem sechsten und neunten Lebensmonat. Der kleine Mensch nimmt sich das erste Mal als getrennt vom Allbewusstsein wahr. Eltern beschreiben diesen Zeitpunkt aus ihrer Sicht betrachtet als die Erfahrung, dass ihr Kind plötzlich im Kontakt mit einigen Menschen „fremdelt“. Das Kind reagiert mit spontaner Zuneigung oder Abneigung auf Menschen, die ihm begegnen.

Die zweite Ego-Stufe mit der Wahrnehmung von „Du bist“ entwickelt sich zwischen dem zwölften und achtzehnten Lebensmonat. Das Kind hat seine Vorlieben und seine Abneigungen für Gewohnheiten, Gegenstände und Situationen voll entwickelt. Das Unterscheidungsvermögen seines individuell erlebten Bewusstseins von Gut und Böse ist voll aktiviert.

Je höher entwickelt ein Mensch geboren wird, um so länger verbleibt er im Allbewusstsein und kann sogar erst ab dem zweiten oder dritten Lebensjahr die beiden ersten menschlichen Ego-Stufen voll entwickeln. Der gesamte Entwicklungszyklus eines menschlichen Egos umfasst sieben Stufen, sofern ein Mensch keine besondere Aufgabe innerhalb des Kollektivs übernommen hat.

Hat ein Mensch die Aufgabe, als göttlicher Avatar zu dienen, angenommen, bleibt er sein ganzes Leben in diesem freien Zustand ohne karmische Belastung durch eine menschliche Abstammungslinie. Hat ein Mensch aber den Auftrag, als spiritueller und/oder weltlicher Führer zu dienen angenommen, muss er seine Reinheit erst ganz verlieren, um sie später durch eigene Initiative zurückzuerlangen, damit er über seine Selbsterfahrungen Mitgefühl für die Schwächen und Respekt für die Stärken des Menschseins entwickeln kann. In der Regel gibt es in jeder Generation mindestens zwölf Menschen, die als Botschafter der Schöpfungsquelle dem Kollektiv dienen sollen. Fünf dieser Menschen dienen als Avatare mit ihrem reinen Sein als Bewahrer der fünf Schöpfungselemente, die ihren hohen Zustand von Allbewusstsein nicht verlieren. Sieben dieser Menschen dienen als spirituelle und weltliche Führer mit dem Bewahren der sieben irdischen Vollendungsprinzipien, die sie sich im Laufe ihres Lebens mit ihrer eigenen Kraft auf ihre individuelle Weise durch die Bewältigung von oft sehr schwierigen Lebensläufen erworben haben. Alle zwölf Repräsentanten gemeinsam sind für das kollektive Gleichgewicht einer Generation verantwortlich.

Wird dieses Gleichgewicht gestört, kann es geschehen, und dies ist seit dem letzten Weltkrieg immer häufiger geschehen, dass ein neugeborenes Kind mit einem karmischen Trauma seiner Abstammungslinie belastet geboren wird. Dieses menschliche Wesen hat schon bei der Geburt die Ego-Stufen eins und zwei entwickelt und kommt mit dem Ich-Bewusstsein und der Verhaftung an Abneigungen und Vorlieben zur Welt. Diese sogenannten Schreikinder, die ohne ersichtlichen Grund vom Zeitpunkt der Geburt an über viele Wochen immer wieder lange Schreiphasen haben, tragen zum Beispiel die Erinnerungen von plötzlichen gewaltsamen Trennungen oder Verlusten in sich, die von der Familie nicht verarbeitet wurden.

Die Eltern genauso wie die Kinder haben immer ein großes spirituelles Potential, das sie bisher nicht genutzt haben. Die Konfrontation mit ihrem „Sorgenkind" soll die Eltern dazu motivieren, aus Liebe für dieses Kind ihr inneres Potential zu erkennen.

In meiner eigenen frühkindlichen Erinnerung war ich in den ersten drei Jahren ein ausgeglichenes und sanftes Kind, bis ich ab meinem vierten Lebensjahr das „Sorgenkind" der Familie wurde. Es war genau der Zeitpunkt, als meine Mutter krank wurde und diese Krankheit vor sich selbst verleugnete. Die Änderung meines Verhaltens sollte die Aufmerksamkeit meiner Mutter zurück auf ihr Selbst lenken, was leider misslang.

In meinem inneren Erleben blieben mir die existentiellen Wahrheiten und die Zusammenhänge über den Sinn und Unsinn des Lebens lange zugängig. Im Alter von fünf Jahren saß ich manchmal spielend im Zimmer, wenn sich meine Tante Lina, eine aufrichtige Wahrheitssucherin, mit der Gemeindeschwester zum Kaffetrinken traf und sie sich über den Sinn und die Bedeutung der Gleichnisse von Jesus austauschten. Ich hätte jede ihrer Fragen ohne Nachzudenken mit einem Satz beantworten können und verstand alles, was die Frauen bewegte. Doch ich schwieg, wie alle diese Kinder schweigen, weil sie als erleuchtet keinen Unterschied zwischen dem Fragenden und dem Antwortenden finden können und keinen Ehrgeiz haben, sich über einen anderen Menschen durch Mehrwissen zu stellen. Sie kommen gar nicht auf die Idee, denn sie haben keinen Gedanken in sich, dass es einen anderen geben könnte oder sollte, der weniger oder mehr weiß als sie selbst, denn der andere ist ja ebenfalls ein Ausdruck ihres eigenen Selbstes.

Ein Mensch, der in voller Bewusstheit lebt, hat keinen Wunsch in sich, etwas zu sagen, wenn er nicht ausdrücklich danach gefragt wird. In ihm entsteht keine Frage, warum also eine Antwort geben.

Hätte ich meinen Quell-Auftrag nicht, so hätte ich keine Schüler, und es wäre weder Gedanke noch

Trieb in mir, etwas zu sagen, zu schreiben oder zu erklären. Mein Sein und mein Handeln ist ausgerichtet auf die Erfüllung der Bedürfnisse meiner Schüler. Mit diesem Buch erfülle ich den Wunsch aller Schüler, weil ich sie mit dieser Wunscherfüllung von der Verhaftung an die Neugier erlösen werde. Nur durch die Erfüllung von Sehnsüchten und Begierden können die Verhaftungen an das Ego endgültig gelöst werden.

Die Neugier ist eine starke Verhaftung, die sich im Kindesalter durch den Ehrgeiz der Eltern, dass ihr Kind etwas lernen muss, zwangsläufig entwickelt. Das Kind wird darauf konditioniert, gierig zu werden auf Neues. Zuerst auf neues Sehen, Fühlen, Schmecken, dann auf Spielzeug und neue Spiele, später auf mehr Wissen, mehr Können, mehr Habenwollen. Bis die Kinder erwachsen geworden sind und ihre Eltern, weil sie ihre Pflicht erfüllt haben, nun erwarten, dass ihre Kinder selbst für sich sorgen können und zufrieden sein sollen mit dem, was sie bekommen haben.

Das ist für die jungen Menschen ausgesprochen schwierig zu realisieren wegen ihres konditionierten Triebs auf die Neugier. Auf dem Nährboden von Gier kann die Zufriedenheit nicht gut gedeihen. Könnten die Eltern ihre Kinder ohne Ehrgeiz aufwachsen lassen und ihrem Kind die individuelle Zeit lassen, aus natürlicher Selbstsicherheit heraus das Laufen, das Sprechen und die Körperbeherrschung zu erlernen, gäbe es weniger Legastheniker, Stotterer oder Bettnässer, um nur ein paar einfache Beispiele für die Folgen des elterlichen Ehrgeizes zu nennen.

Eltern können ihren Ehrgeiz nicht einfach aufgeben, denn sie wissen gar nicht, wie das geht. Schon sie selbst haben keine natürliche Selbstsicherheit erfahren dürfen durch eigene innere Führung. Auch sie mussten schon dem Ehrgeiz ihrer Eltern folgen und wurden darauf trainiert, ihrem Ego zu folgen, das seine Kontrolle gern durch Angst und/oder Schmerz ausübt.

So ging es von Generation zu Generation und wurde zu einem erstrebenswerten Merkmal der heutigen Welt und besonders des deutschen Volkes, das stolz ist auf seine Disziplin und Pflichterfüllung um jeden Preis. In dieser Leistungsgesellschaft zu versagen bedeutet noch heute gesellschaftliche Ausgrenzung und soziale Verachtung.

Die Erlösung dieser kollektiven karmischen Last war der Grund, warum ich genau in dieses Land und in diese Abstammungslinie geboren wurde. Es war kein Zufall, sondern meine Bestimmung, dass mich gerade diese Existenzangst als erste Erfahrung umfing, als mein Bewusstsein das siebenmonatige Embryo im Uterus meiner Mutter beseelte.

Es ist nicht wahr, dass ein Embryo von Anfang an mit dem Höchsten Selbst beseelt ist. Der Zeitpunkt der Beseelung richtet sich nach der Bedeutung der Seele, die den neuen Körper führen wird. Je höher der Entwicklungsstand der Seele, umso später der Beseelungszeitpunkt. Das kosmische Gesetz verlangt, dass die höhere Energie die niedrigere Energie aufnehmen muss, um sie auf ein gleiches Niveau zu bringen. Dies verlangt von der höheren Seele verwirklichte Liebe und von der niederen Seele die Überwindung großer abwehrender Angst. Würde die Beseelung zu früh erfolgen, das heißt der Embryo wäre physisch noch nicht lebensfähig, würde die Mutter, die in der Regel ein niedrigeres Energieniveau hat als eine Seele aus der siebten Seelenebene, dieses Kind physisch abstoßen wollen.

Während ich schreibe, wird mir wieder einmal bewusst, dass mein Blickwinkel, aus dem heraus ich die Welt betrachte, nicht von allen Menschen verstanden wird. Es fällt mir immer schwerer, mein Bewusstsein dauerhaft auf die menschliche Mentalebene zu reduzieren, weil ich alles, was ist, aus ganzheitlicher Sicht ohne Bewertung von wichtig oder unwichtig betrachte und meine letzte Lebensgeschichte mir nicht mehr wichtig genug erscheint, sie einem anderen mitzuteilen.

Wer ist denn dieser andere? Du bist ich und ich bin du! Es gibt also keinen anderen. Wenn es keinen anderen gibt, dann ist jede Erklärung, jede Form der Kommunikation in Wirklichkeit ein Selbstgespräch. Diese Wahrhaftigkeit ist mir selbstverständlich in jedem Augenblick bewusst. Ja genau, das wiederum erscheint mir bedeutungsvoll genug zu sein. Diese Selbstverständlichkeit, in der ich lebe, ist es wert, an alle Menschen weiterzugeben. Ich wiederhole, es werden mich zwar im Augenblick des Schreibens nur ungefähr achtzehn Prozent der Menschen dieser Welt verstehen. Es werden mich aber alle Menschen verstehen müssen, es erfordert lediglich Zeit, Geduld und Nachsicht.

Noch vor dreißig Jahren waren es in etwa nur zwei Prozent aller Menschen, die diese Ausführungen ohne weitere Erklärungen verstanden hätten. Heute sind es schon achtzehn Prozent, das ist eine sehr verheißungsvolle Entwicklung. Die Wahrscheinlichkeit von einhundert Prozent Verständnis liegt also in absehbarer Zukunft. Diese Aussicht fokussiert meinen Geist augenblicklich in den irdischen Mentalkörper hinein, was notwendig ist, um diese Ausführungen zu beenden. Ich erinnere mich unmittelbar daran, dass mein Anliegen darauf ausgerichtet ist, dass mich einhundert Prozent der Menschen verstehen müssen, egal wie lange es dauern wird und egal unter welchen Namen und mit welchen Mitteln ich meinen Auftrag erfüllen werde. Der Mhaádeii-Auftrag bestand immer und besteht weiter darin, allen Menschen den Zustand von Freiheit durch Erleuchtung zu vermitteln, um sie aus ihrem individuellen Traum des Lebens zu erlösen, damit das Allbewusstsein, das alle Wesen dieser Welt beseelt, aus seinem Lebenstraum erwachen kann.

Mit diesem Seelenauftrag aus der siebten Seelenebene wurde der im Uterus meiner Mutter wachsende menschliche Körper im siebten Monat beseelt. Die siebte Seelenebene, die auch als siebter Himmel bezeichnet wird, ist der Aufenthaltsort der befreiten menschlichen Wesen, die in dieser Welt als die aufgestiegenen Meister oder als Heilige bezeichnet werden wie Buddha, Jesus, Yogananda, Mutter Maria, Santa Brigida, Santa Chiara und viele, viele andere mehr. Was alle diese Menschen gemeinsam haben, ist die Überwindung oder besser ausgedrückt die Auflösung ihres individuellen menschlichen Egowillens im kollektiven Allbewusstsein, das auch als Nirwana, Quellbewusstsein oder als das „Angesicht des Einen Gottes“ bezeichnet wird.

Auf dieser siebten Schöpfungsebene verweilen die befreiten menschlichen Seelen seit nunmehr fünftausend Jahren oder genauer gesagt, seit der erste

Buddha sein Bodhisattva-Gelübde ablegte, in dem er versprach, so lange wiederzukehren, bis die letzte menschliche Seele befreit ist. Das hört sich im ersten Moment so an, als sei dies eine freiwillige großzügige Geste des Buddha gewesen. Leider ist dies nicht wahr, denn dieses sogenannte Bodhisattva-Versprechen war eine wesentliche, ja geradezu die fundamentale Erkenntnis des Buddha, dass er oder besser formuliert „JEDES" befreite Wesen solange wiederkehren muss, bis auch der letzte Seelenanteil der Weltenseele befreit ist.

Jede menschliche Geburt stellt Herausforderungen von Dunkelheit und Licht, egal wie hoch das Bewusstsein der Seele bei der Geburt ist, und so verwickeln sich besonders gern hohe Wesen mit niederen Trieben, weil sie die Gefahr der Verführung vergessen haben und sie die Kraft des Egos unterschätzen. So erging es auch mir genau wie den meisten Inkarnationen aus der siebten Seelenebene, dass ich mich im Laufe meines Lebens völlig in den Verhaftungen des Egos verwickelte.

Da mein Seelenauftrag ausgerichtet war auf die Erlösung der Verknüpfung von Versagen aus Existenzangst mit Ehrgeiz aus Neugier fiel die Beseelung meines zukünftigen Körpers zeitgleich mit dem wirtschaftlichen Konkurs meines zukünftigen Vaters zusammen. Mein Vater hatte nach dem Krieg in einem Dorf nahe einer ostwestfälischen Kleinstadt ein Fuhrunternehmen aufgebaut mit recht passablen Erfolgen, die meiner Familie ein gutes bürgerliches Auskommen einbrachte. Kurz vor meiner Geburt packte meinen Vater der Ehrgeiz. Er wurde leichtsinnig und kaufte zwei neue Lastkraftwagen auf Kredit, lediglich abgesichert durch einen Vertrag mit einer Tonziegelfabrik, regelmäßige Fuhren sollten ihm für zwei Jahre sichere Einnahmen garantieren. Diese Expansion erforderte ebenfalls die Einstellung von zwei weiteren Fahrern, damit war natürlich auch die Erhöhung der monatlichen Fixkosten des kleinen Unternehmens verbunden.

Die Lastkraftwagen wurden geliefert und mein Vater setzte meinen dreijährigen Bruder voller Stolz auf diese neue Errungenschaft in das Führerhaus eines der Fahrzeuge. Dort ließ er ihn, wie er glaubte, wohlbehütet für ein paar Augenblicke allein sitzen. Auf unerklärliche Weise löste mein Bruder die Handbremse und der Lastwagen rollte die Zufahrt herunter, bis er endlich durch das Hindernis eines Eisentores zum Stehen kam. Mein Bruder war glücklicherweise unverletzt. Das neue Fahrzeug allerdings hatte einige Schäden davongetragen, die von der Versicherung nicht übernommen wurden, weil die Police noch nicht abgeschlossen war.

Kurz nach diesem Ereignis wurde der Fuhrvertrag

mit den Tonziegelwerken null und nichtig, weil das Unternehmen Konkurs anmelden musste. Als Krönung dieser Pechsträhne verursachte der Fahrer des anderen neuen Lastwagens unter Alkoholeinfluss einen Unfall, der den Totalschaden des Lastwagens unter Beteiligung eines Personenwagens zur Folge hatte. Die Versicherung übernahm auch hier nur einen geringen Teil der Schäden, weil mein Vater, um Geld zu sparen, nicht ausreichend versichert war. All dies führte im Ergebnis dazu, dass zum Zeitpunkt meiner Geburt meine Familie vor dem finanziellen Ruin stand.

Als Reaktion auf ihre Existenzangst bekam meine Mutter, die ihre Existenzangst innerlich still verarbeitete, nach meiner Geburt eine Kindbettdepression, die im Laufe der nächsten Jahre immer wieder auflebte. Ich bin das erste ihrer Kinder gewesen, das sie nach ganz kurzer Stillzeit mit der Flasche aufziehen musste, weil ihr der Milchfluss versagte.

Mein Vater verließ die Familie kurz nach meiner Geburt, um im aufblühenden Ruhrgebiet der Nachkriegsjahre für uns eine neue Existenz aufzubauen. Er schämte sich in dem kleinen Dorf zu bleiben. Er fühlte sich dort als Versager und wurde darin besonders von den Verwandten meiner Mutter auch bestärkt. Mein Vater war ein stolzer, vielleicht auch ein leichtsinniger Mann, aber ganz sicher fleißig und mutig in seinem Entschluss, noch mit Ende dreißig eine Ausbildung als Bergmann zu beginnen. Wie groß muss seine Liebe für uns gewesen sein, dass er diesen für ihn gesellschaftlichen Abstieg so vorbildlich akzeptierte, damit seine Familie versorgt wurde.

Meine Mutter suchte sich eine Arbeit als Schneiderin. Es war das erste Mal seit ihrer Heirat, dass sie gegen Geld arbeiten musste. Ich, die ich in ihrer Abwesenheit von meiner Tante, ihrer ältesten Schwester, versorgt wurde, habe meine Mutter sehr vermisst. Wenn sie erschöpft und müde nach Hause kam, hatte sie auch selten Zeit für mich. Meine fünf Jahre ältere Schwester wurde meine wichtigste Bezugsperson, an der ich mich viele Jahre wie an einer Mutter orientiert habe und die ich sehr liebte. Die leibliche Mutter ersetzen kann aber kein anderer Mensch, egal wie viel Mühe er sich auch macht.

Es sollte aber noch schlimmer für mich kommen. Ich war gerade zwei Jahre alt, als mein Vater im Ruhrgebiet Fuß gefasst hatte und meine Mutter und die drei älteren Geschwister zu ihm zogen. Mich ließen sie allein bei den Großeltern und der Tante zurück. Für mich hatten sie keine Zeit, denn beide Eltern mussten arbeiten. Meine Geschwister waren noch zu klein, um mich zu versorgen. Für meine Eltern war das Zurücklassen ihres jüngsten Kindes sicher schwerer auszuhalten als mich mitzunehmen. Sie taten dies aus Liebe, sie wollten mir Leid und Not ersparen und glaubten mich in bester Obhut, das weiß ich heute.

Aus ganzheitlicher Sicht ist es dennoch falsch gewesen. Für ein Kind gibt es keine bessere Obhut als die eigene Familie. Gemeinsam durchlebte Krisen und das Zusammenhalten in Notsituationen macht die Familie stark und gibt den Kindern Selbstvertrauen und Selbstwert.

Als ich dann Monate später zusammen mit dem Möbelwagen bei meiner Familie eintraf, war ich in meinem Selbstvertrauen stark erschüttert und wütend auf meine Mutter, weil sie mich alleingelassen hatte. Ich hätte sie schlagen können vor Wut. Ich habe aber stolz die Zähne zusammengekniffen, mein Herz hat gerast und ich habe nicht geweint, sondern meinen ohnmächtigen Schmerz darüber, dass sie mir das angetan hat, bewusst versteckt. Ich habe geschwiegen und sie mit Missachtung gestraft. Ich habe in Zukunft die Liebe zu meiner Mutter versteckt, ja ihre physische Nähe sogar gemieden und mich zukünftig mit meiner Liebe und Aufmerksamkeit an meinen Vater gehalten, den ich als schuldlos ansah.

Ich bin zu dem Zeitpunkt etwa drei Jahre alt gewesen, was bedeutet, dass sich in meiner Charakterbildung die dritte Stufe des Egos verwirklicht hatte. Bis zum vierten Lebensjahr entwickelt sich die mentale Fähigkeit von „Ich will" und es ist in diesem Alter dringend notwendig, dass sich der kindliche Wille dem elterlichen Willen unterordnet, damit sich der Mensch im Leben generell an Regeln hält. Macht der Mensch in diesem Alter zu häufig die Erfahrung von „Mein Wille geschehe", versagen die Eltern hier als Respektinstanz und der Mensch wird als Erwachsener schneller seine innere Balance verlieren können, weil er alle übergeordneten Instanzen infrage stellen wird. Seine Selbstsicherheit hat kein stabiles Fundament durch sein Vertrauen in die Entscheidungen seiner Eltern erhalten.

Dies war die wohl wichtigste Prüfung, mein Selbst zu bewahren und den Schmerz zuzulassen, ihn zu zeigen und zu weinen, um das Herz meiner Mutter damit zu erweichen und darüber mein eigenes Gleichgewicht wiederzufinden. Heute weiß ich, was ich meiner Mutter mit meiner Ablehnung und Bewertung angetan habe, denn ich bin doch ihretwegen geboren, um ihren Stolz und ihren Ehrgeiz durch meine Liebe und meine Vergebung zu schmelzen. Das ist mir aus Wut nicht gelungen, im Gegenteil, mein Verhalten hat die Schuldgefühle meiner Mutter verstärkt. Sie hat verstanden, dass ich sie verantwortlich mache und sie bestrafen will, und sie hat die ihr zugedachte Strafe als verdient angenommen und sich innerlich zerfressen vor Schuldgefühlen.

Meine Mutter hätte die Aufgabe gehabt, meinen kindlichen Widerstand ohne Gewalt zu lösen, wenn nötig, zu brechen durch aktive elterliche Dominanz, und mich nicht in meiner kindlichen Trotzhaltung bestätigen dürfen. Das konnte sie aus dem eigenen Versagensempfinden heraus leider nicht.

Beide Elternteile waren in diesen Jahren innerlich getrieben von dem Ehrgeiz, nach dieser Pleiteerfahrung alles wieder gutmachen zu wollen. Sie haben viel zu viel gearbeitet, sich nichts mehr gegönnt, mein Vater hat teilweise zwei Arbeitsstellen gleichzeitig bedient. Er arbeitete nachts im Bergbau und direkt im Anschluss bis mittags im Gartenbau.

Um den innerlichen Druck zu entlasten, den dieses anstrengende Leben verursachte, begann mein Vater nach einiger Zeit damit, am Zahltag nach dem Dienst nicht sofort nach Hause zu kommen, sondern mit seinen Kollegen in einer Wirtschaft einige Biere zu trinken. Sie brachten ihn dann ziemlich angetrunken nach Hause, was bei meiner Mutter depressive Schübe auslöste.

Sie weinte oft allein in der Stube, wenn wir Kinder im Bett waren. Geschimpft hat sie nie mit meinem Vater, sie nahm ihr Schicksal schweigend an, aber die Selbstzerstörung fraß an ihr. Zu ihrer Entlastung beschwerte sie sich bei ihrer Schwester über ihren schwachen Mann, wenn sie glaubte, wir hören nichts. Kinder hören und sehen alles, was mit den Eltern ist, sie sind, wie gesagt, bewusster und weiser als vermutet. Ich habe mich in diesen Situationen für den Verrat meiner Mutter an ihrer Loyalität ihrem Mann gegenüber geschämt und mein Trotz und meine Abwehr ihr gegenüber wurden noch größer.

Beide Elternteile, mein Vater und meine Mutter, haben für uns Kinder alles getan, was in ihrer Macht stand, um uns ein angenehmes Leben zu gestalten. Wir alle haben uns sehr von ihnen geliebt gefühlt. Es gab viele schöne Stunden in unserer Familie miteinander. Besonders mein Vater verstand es gut, eine harmonische, fröhliche Stimmung in unserer Familie entstehen zu lassen. Er war ein interessanter Erzähler mit charismatischer Ausstrahlung, der einen ganzen Saal unterhalten konnte. Leider war mein Vater emotional nicht besonders belastbar und hatte nach seinem wirtschaftlichen Konkurs keinen großen Selbstwert mehr. Er war unsicher in seinen Lebensentscheidungen geworden und überließ die wichtigsten Entscheidungen meiner Mutter, die er sehr bewunderte für ihre stille Stärke. Meine Mutter war dadurch überfordert, mein Vater gab ihr nicht genug Lebenshalt und Schutz.

Es ist traurig und gleichzeitig bewundernswert, wie fleißig und diszipliniert meine Eltern waren. Sie hatten es geschafft, in nur sieben Jahren unsere Schulden zurückzuzahlen und ein eigenes Haus für die große Familie zu bauen. Mittlerweile waren wir sieben Geschwister, von denen ich genau die Mittlere, die Vierte, war. Diese Position, eine Mittlerin zwischen den Welten, zwischen oben und unten zu sein, hat sich bis heute gehalten und ich habe mein Schicksal nach langen zermürbenden Lebenskämpfen mit Demut und Liebe angenommen. Damals habe ich mich dagegen mit Händen und Füßen gewehrt, denn meine Wutanfälle, die ich zwischen meinem vierten und siebten Lebensjahr kultiviert habe, um mich gegen meine kleinen und großen Geschwister zu wehren, haben mir später emotional sehr geschadet.

Meine ersten Wutanfälle bekam ich unkontrolliert. Sie waren wohl notwendig, um mein emotionales Gleichgewicht wiederherzustellen, weil ich durch die Verweigerung, meiner Mutter Liebe entgegenzubringen, in meinem Herzchakra immer wieder Blockaden aufbaute.

Mit ungefähr fünf Jahren begann ich damit, meine

Wut bewusst einzusetzen, um meinen Willen durchzusetzen, wenn ich etwas haben wollte oder wenn ich etwas nicht tun wollte. In dieser Zeit begannen auch meine plötzlichen Unfälle. Ein Auto fuhr mich an, ich fiel in eine Glastür, ein Fenster fiel mir auf den Kopf. Diese drei Unfälle, die mir einen Schock und erhebliche körperliche Schmerzen einbrachten, waren belehrend und ich vermied es künftig, meine Wut bewusst einzusetzen. Ich hatte die Verbindung zwischen Ursache und Wirkung verstanden. Mein Ego als Schutzinstanz hatte aber auch registriert, wie empfindlich ich auf Schmerz reagiere und hat dies später zur Kontrolle immer wieder einsetzen wollen.

Mit sieben Jahren war die vierte Ego-Stufe manifestiert und die Wut war jetzt ein Teil meines Grundcharakters, das musste ich akzeptieren, es war nicht mehr zu ändern, obwohl ich nun gar nicht mehr wütend sein wollte, denn vom Wesen meiner Seele her war ich friedfertig und eher still. „Schön blöd", hätte meine Schwester respektlos dazu gesagt. Doch es stimmt, es ist „schön blöd", wenn ein bewusstes Wesen so viel Egowillen manifestiert hat.

Die vierte Ego-Stufe, die über den Emotionalkörper in der Charakterstruktur entscheidet, bestimmt die Fähigkeiten zum sozialen Miteinander wie Akzeptanz und Empathie. Sie ist der Kern der Lebensstrategien des Egos im Kollektiv und bildet sich zwischen dem fünften und siebten Lebensjahr zum bleibenden Charakter heraus. Die Eltern haben die Aufgabe, die Egostruktur so zu prägen, dass Verständnis für andere Menschen und Situationen entsteht, um das Mitgefühl zu integrieren und die Herzqualitäten zu stärken. Die beste und sanfteste Erziehungsmethode ist immer die Vorbildfunktion. Kinder beobachten die Eltern in ihren Verhaltensweisen und folgen immer dem Beispiel, welches ihnen die größte Selbstsicherheit und das meiste Wohlbehagen vermittelt. Das erfordert viel Zeit und große Aufmerksamkeit von den Eltern, die meine Eltern natürlich durch ihr tägliches Leistungspensum nicht hatten. Die Aufgabe dieser wichtigen Prägung hätte auch ein guter Kindergarten übernehmen können, doch dagegen hatte ich mich wieder einmal durch einen Wutanfall erfolgreich gewehrt. Sehr zum Schaden meines späteren Selbstwertes in Beziehungen und Partnerschaften.

Meine Mutter hatte gerade die Stachelbeersträucher im Garten unseres neuen Hauses gepflanzt, als sie an den Folgen von jahrelang unbehandelten Magenschwüren an Magendurchbruch starb. Sie war mit dem achten Kind schwanger gewesen. Weder Mutter noch Kind überlebten.

Wir sind nie in das neue Haus eingezogen, mein

Vater verlor nach dem Tod meiner Mutter den Lebensmut und einen Teil seiner Seele. Meine Mutter war für ihn alles gewesen. Er verlor seine Lebensfreude und sein Ehrgeiz wurde zu Ohnmacht. Die Familie fiel auseinander, die Kinder kamen zu unterschiedlichen Verwandten und Bekannten. Die Schwester meiner Mutter übernahm die Aufgabe, für uns Kinder die Pflegeeltern zu suchen. Sie hatte meiner Mutter, die jahrelang unter starken Schmerzen litt und aus Angst vor der Wahrheit nicht zum Arzt gehen wollte, versprochen, sich um die Kinder zu kümmern, falls meine Mutter sterben sollte.

Meine Mutter starb mit vierzig Jahren. Ihr Tod war ein typischer „Selbstzerstörungsprozess" durch einen gestörten Mentalkörper, der sich aus Ego-Stolz ein Versagen nicht vergeben kann und daraus Schuldgefühle produziert. Die Schuldgefühle aktivieren den Wunsch nach Sühne und Bestrafung. Aus dem Wunsch nach der Selbstbestrafung entsteht die Selbstzerstörung des Körpers.

Tante Lina fand für mich als Pflegeeltern ein kinderloses Ehepaar, das meine Großeltern hätten sein können. Das Ehepaar war sofort bereit, mich als Pflegekind zu nehmen, weil ich äußerlich der Pflegemutter ähnlich sah und sie mich auf Anhieb mochten. Dieser Vergleich mit der stattlichen, grauhaarigen Dame von sechzig Jahren und ihre laute Herzlichkeit reichten mir aus, zuerst einmal auf emotionale Distanz und körperliche Abwehr zu gehen.

Ich mochte es nicht, wenn man mir körperlich zu nahe kam, mich heftig umarmte, mich unvermittelt berührte oder wenn man sich mir in respektloser Weise präsentierte. In meiner Stammfamilie herrschte sehr viel Respekt voreinander. Ich habe niemals meine Eltern in despektierlicher Aufmachung oder in Situationen erlebt, die mir unangenehm waren. Meine Familie legte großen Wert auf Stil und ordentliche Verhaltensregeln im Allgemeinen und auf gepflegte Tischsitten im Besonderen.

Mein Pflegevater war hier überhaupt kein Problem, er war rücksichtsvoll, lieb und hielt eine natürliche physische Distanz, er war sogar eher zurückhaltend. Da ich auch meinen leiblichen Vater respektierte und liebte, mochte ich auch meinen Pflegevater ohne Vorbehalte.

Meine Pflegemutter dagegen war einfach distanzlos, sie hat mich nicht geschlagen, mich nicht physisch gequält, aber in alltäglichen Situationen hat sie mich mit Kleinigkeiten gedemütigt, je nach Laune. Dann wieder hat sie alles für mich getan, keine Mühen und Kosten waren ihr zu viel. Sie war auf ihre Weise ein liebevoller Mensch mit großem Mitgefühl, aber sie war auch herrschsüchtig, dominant und oft schamlos frech besonders mir gegenüber. Sie wollte meinen Willen brechen, egal um welchen Preis.

Aus ganzheitlicher Sicht waren diese Bedingungen genau richtig für mich, die ich schon mit sieben Jahren so viel Stolz und Arroganz aufgebaut hatte. Meine Pflegemutter spiegelte mir meinen Charakter, den ich als Erwachsene haben würde, wenn ich mich nicht änderte. Alles, was mich an ihr störte, alles, was ich an ihr bekämpfte, schlummerte als Anlage auch in mir. Das Schicksal hatte es in Wirklichkeit gut mit mir gemeint und meine Pflegemutter war mein menschlicher Schutzengel. In wichtigen entscheidenden Situationen war sie immer für mich da und hat mich tatsächlich einige Male vor großem Schaden bewahrt.

Ich liebe sie für alles, was sie war und ist, und verneige mich vor ihrem Durchhaltevermögen gegen meinen kindlichen, heftigen Trotz. Erfahren und bewertet habe ich schon damals meine neue Lebenssituationen sehr egozentriert. Für mich war das Schicksal einfach ungerecht, ich musste mich anpassen und unterordnen in eine Lebensweise, die meinen alten Wertesystemen nicht entsprachen.

Ich erkannte einerseits beschämt, wie aufrichtig, sozial und liberal meine Eltern gewesen waren, andererseits begann ich nun meine Eltern und meine Vergangenheit zu idealisieren und wurde darüber ungerecht und undankbar meinen Pflegeeltern gegenüber.

Was mir wirklich sehr schwer fiel war das Empfinden von Dankbarkeit für meine neue Lebenssituation, und genau das war jeden Tag gefordert, weil meine Pflegeeltern nicht wahrhaben wollten, dass ich aus guten sozialen Verhältnissen kam.

Besonders meine Pflegemutter äußerte sich abwertend über meinen Vater, betrauerte meine arme Mutter und bemitleidete meine ganze Familie. Allein die Tatsache, dass ich Halbweise war, machte mich in ihren Augen zum bedürftigen Sozialfall. Sie forderte von mir täglich viel Lob und Anerkennung für ihre Leistungen. Wie oft musste ich hören, dass sie mich vor dem Heim bewahrt hatten, und wie dankbar musste ich sein, dass ich ihre Erbin sein sollte.

Sie mochten mich wirklich gern und hätten mich auch gern adoptiert, was ich ablehnte mit dem Argument, dass ich den Namen meiner Eltern ehren und zu niemanden noch einmal Mutter sagen wollte. Ich wollte meine Pflegeeltern nicht kränken, doch ich nannte sie lieber Tante und Onkel. Dabei blieb ich, egal wie schlecht sie meine Herkunft machten. Ich ließ mich von niemanden adoptieren, um keinen Preis. Heute weiß ich, dass ich gut daran getan habe, meine Stammfamilie nie zu verleugnen. Auch wenn ich später den Kontakt zu meinem Vater aus enttäuschter Erwartung über einige Jahre vermied, bin ich froh und dankbar über meine Abstammungslinie. Alles was in meiner Prägung sozial, liberal, vergebend, akzeptierend und gerecht war, kommt aus dem Gedankengut und der inneren Haltung meiner Eltern. Mein Vater und meine Mutter waren hoch entwickelte spirituelle Menschen, die leider keinen Mut hatten, ihre Überzeugungen zu leben. Sie haben sich eingeordnet und angepasst an eine Gesellschaftsform, die sie äußerlich überforderte. Sie haben aus Angst vor Ablehnung eine Gesellschaftsphilosophie angenommen, die sie innerlich zerstörte. Sie haben nicht alles perfekt gemacht, aber das Beste, was sie hatten, haben sie an ihre Kinder weitergegeben.

In den ersten zwei Jahren habe ich mich gewehrt, meine Familie verteidigt, meine Lebensweise versucht zu integrieren, indem ich schon mit acht Jahren freiwillig saubergemacht habe, den Tisch gedeckt und mit meiner Tante über grundsätzliche Lebensfragen gezankt habe. Mehrmals bin ich wütend geworden, habe um mich geschlagen, bin weggelaufen, alles ohne Erfolg, ich musste mich anpassen.

Als ich älter wurde, entwickelte ich großes Interesse an Literatur und Philosophie. Ich las die alten Klassiker und war fasziniert davon, dass sie in vielen Thesen meiner eigenen Wahrheit entsprachen. Ich las die Bibel und diskutierte mit dem Dorfpastor, der eine große Sympathie für mich und meine Weisheiten hatte. Er war mein großartiger Fürsprecher in der Gemeinde, ich sang begeistert im Kirchenchor und ging sonntags freiwillig zum Gottesdienst. Ich erkannte früh, dass ich mich schulisch verbessern musste, um über den Bildungsweg diesem Leben zu entfliehen.

Je älter ich wurde, umso mehr Abwehr empfand ich für die kleinbürgerliche Doppelmoral dieser dörflichen Welt. Tratsch und Klatsch habe ich hier kennengelernt als die einzige Form der Kommunikation im gesellschaftlichen Leben. Man unterhielt sich nicht über Politik, Literatur oder Philosophie, sondern es war wichtig zu wissen, was „man tut oder nicht tut", was man „öffentlich" sagt oder nicht. Was sagt man dazu, wenn „der oder die dies oder das getan" hat? Allein die Lebenshaltung, heimlich etwas zu tun, was man offen leugnete, konnte ich nicht akzeptieren. Alles war erlaubt, solange es nur keiner wusste.

Ich habe meine Tante und meinen Onkel sicherlich oft in schwierige Situationen gebracht, wenn ich wieder einmal beim sonntäglichen Familienkaffee etwas ausgeplaudert hatte, was jeder nur unter dem Siegel der Verschwiegenheit wissen durfte. Ich galt schon mit neun Jahren als unberechenbar und altklug und viele Nachbarinnen schwiegen deutlich, wenn ich in ihre Nähe kam.

Mit zwölf Jahren hatte ich mich mit meinem Schicksal ganz gut arrangiert und lernte fleißig aus Büchern, die mir ein Nachbar lieh. Ich hatte ein interessantes Ziel gefunden, das mir einen neuen Lebenssinn in Aussicht stellte. Mein Engagement zeigte Erfolg. Ich bestand ohne Anstrengung die Aufnahmebedingungen für die weiterführende Schule und kam stolz mit der Anmeldung in der Hand mittags nach Hause zu meiner Tante. Sie aber setzte sich wortlos auf ihr Fahrrad und fuhr davon. Als sie nach zwei Stunden wieder zurückkam, strahlte sie mich zufrieden an und meinte, dass sie bei dem Lehrer gewesen sei und ihn davon überzeugt habe, dass ich erst nach einer Lehre weiter zur Schule gehen kann. Zuerst sollte ich eine Lehre als Näherin machen.

An dieser Stelle bin ich ausgestiegen aus meinem Lebensplan. Mein Selbst aus der siebten Seelenebene segelte auf den Flügeln meines Egos davon und versteckte sich an einem sicheren Ort, wo mein enttäuschter menschlicher Wille es nicht mehr erreichen konnte. Die willkürliche Entscheidung meiner Tante hatte in mir aus enttäuschter Erwartung eine Lebensverweigerung zur Folge, die sich innerhalb der nächsten drei Jahre im Außen manifestieren sollte.

Ich stellte meine besonderen schulischen Bemühungen ein und machte in den nächsten Jahren für die Schule gerade das, was nötig war, und bekam im Ergebnis einen mittelmäßigen Schulabschluss. Durch die Intervention meines Onkels musste ich nicht in eine Näherinnenlehre, aber in die Ausbildung zur Technischen Zeichnerin. Diese Aussicht erschien mir als Lebenssinn genauso unerträglich wie die, als Näherin in einer Fabrik zu arbeiten. Aus der Sicht meiner Pflegeeltern war die Entscheidung über meine berufliche Zukunft einfach nachzuvollziehen und ganz sicher nicht geschehen, um mich zu quälen. Sie wären beide weit über siebzig Jahre alt gewesen, wenn ich mein Studium beendet hätte. Sie waren einfach nur in Sorge, dass sie mich ohne Ausbildung zurücklassen könnten. Genau das hat sich später auch bewahrheitet, denn zum Zeitpunkt des Todes meines Onkels war ich vierzehn Jahre alt, zum Zeitpunkt des Todes meiner Tante einundzwanzig Jahre alt.

Meine Ausbildung war trotz ihrer Vorsorge nicht abgeschlossen, dafür sorgte mein Höchstes Selbst auf vielfache Weise.

Zwischen dem zwölften und achtzehnten Lebensjahr, also genau zu dem Zeitpunkt meiner erfahrenen Enttäuschung manifestiert sich die fünfte Ego-Stufe, die sich im Charakter ausbildet als die Fähigkeit, sich im Außen darzustellen, wie der Mensch seine Persönlichkeit zeigt im physischen Ausdruck, in der Art zu sprechen und durch seine Gesten und Mimik. Die Führung durch das freie Selbstbewusstsein spielt bei der Integration der Selbstdarstellung die größte Rolle.

Da ich mit zwölf Jahren bewusst entschieden hatte, dass ich die erfahrene Enttäuschung nicht vergeben kann, kam es zu einer dicken Blockade zwischen meinem Selbstwert und meinem Selbstbewusstsein. Zwischen beiden Energien steht das Ego als Kommunikations- und Handlungsinstanz. Das Ego steht zwischen dem Selbstbewusstsein, das für die Selbstdarstellung verantwortlich ist und dem Selbstwert, der die Ressourcen der menschlichen Persönlichkeit aufbaut, bewahrt und schützt. Das Ego empfängt vom Selbstbewusstsein den Auftrag, den Selbstwert zu informieren, dass für die Selbstdarstellung auf die vorhandenen Ressourcen zugegriffen werden muss, um die Fähigkeiten im Außen zu zeigen, sie darzustellen. Der Selbstwert meldet, Ressourcen sind vorhanden, und das Ego wartet nun auf den Freigabeimpuls des Höchsten Selbstes, um die Ressourcen fließen zu lassen. Der Freigabeimpuls kommt nicht, wenn das Höchste Selbst sich vom Ego gelöst hat. Das Ego wird unsicher und der Mensch bekommt plötzlich Angst, seine Fähigkeiten zu zeigen.

Durch ein inaktives Höchstes Selbst fehlt dem Ego die Sicherheit, aus der unendlichen Quelle schöpfen zu können, er wird ein alter Geizkragen, der in Existenzangst gerät, sobald seine Ressourcen im Selbstwert nicht kontinuierlich erneuert werden. Ohne die Visionen und Inspirationen aus dem Höchsten Selbst verliert das Ego die Selbstsicherheit und führt den Körper des Menschen wie in einem Notzustand.

In diesem Notzustand wendet sich das Ego direkt an das Solarplexus als Energieversorgungszentrum mit dem Auftrag, dass Energie benötigt wird. Das Solarplexus greift unmittelbar auf die Ressourcen im Selbstwert zu ohne zu kontrollieren, ob genügend vorhanden ist. Das bedeutet einfach ausgedrückt, der Befehl zur Gier wird aktiviert und kann nicht mehr zurückgenommen werden. Fehlt das innere Selbstbewusstsein darüber, dass ausreichende Ressourcen vorhanden sind, kann der Mensch noch so viel Reichtum im Außen sammeln, die Existenzangst kann damit nicht erlöst werden. Die einmal aktivierte Gier kann erst durch die erlöste Existenzangst deaktiviert werden und die Existenzangst wiederum kann nur durch einen Bestätigungsimpuls vom Höchsten Selbst aufgehoben werden. Bleibt diese Verknüpfung von Gier und Angst über einen längeren Zeitraum bestehen, lähmt die Angst nach und nach die Aktivitäten des Egos und es kommt zu Handlungsstarren und Fehlimpulsen zwischen Selbstwert und Selbstausdruck, die zu Kontrollverlust in Form von Ticks und Allergien oder Unverträglichkeiten führen. Um diesen Kreislauf zwischen Mental- und Emotionalkörper zu erlösen, versucht der physische Körper mit äußeren Reaktionen wie schmerzlichen Entzündungen, Unfällen, oder Zusammenbrüchen eine Entlastung herbeizuführen.

Durch mein inaktives Selbst reagierte mein Körpersystem mit Entlastung auf allen vier Körperebenen. In der Integrationsphase meiner fünften Ego-Stufe wurde ich damit konfrontiert, dass ich ab dem zwölften Lebensjahr mehrmals im Jahr eine Mandelentzündung bekam, die so schlimm wurde, dass sie mit Penicillin behandelt werden musste. Ich begann zu lispeln und es fehlten mir oft die Worte, wenn ich etwas sagen wollte. Ich bekam Lampenfieber, wenn ich vor anderen Menschen sprechen sollte und wurde sehr kritisch mit meinem Aussehen. Mein Schamgefühl wurde sehr ausgeprägt, ich ekelte mich vor allen möglichen Tieren und auch vor vielen Menschen. Ich ging nicht mehr zum Kirchenchor, weil ich Angst davor hatte, dass mich

Menschen ansehen könnten. Ich zog mich von alten Freundinnen zurück, weil sie sich lustig über mich gemacht hatten. Im Gegensatz zu meiner wachsenden inneren Schüchternheit wurde ich im Außen verbal wortlaut und frech. Bis dahin war ich eher still und zurückhaltend gewesen, jetzt war ich teilweise rüpelhaft und großspurig und entwickelte ein heftiges Klatsch- und Tratschverhalten. Ich bewertete alles, was mir im Außen und im Inneren begegnete. Mein menschlicher Geist arbeitete und arbeitete und quälte mich die nächsten vierundzwanzig Jahre.

Typisches pubertäres Verhalten könnte man sagen, richtig! Aber warum verändern sich die Kinder überhaupt in der Pubertät so stark, warum machen sie eine regelrechte Charakterveränderung durch, meistens zu ihrem Nachteil? Viele Eltern erkennen ihre Kinder zwischen dem zwölften bis achtzehnten Lebensjahr quasi über Nacht kaum wieder. Heute finden regelrechte Kämpfe mit Hilfe von Behörden zwischen Eltern und Kindern statt, was damals noch nicht möglich war, weil die Kinder noch nicht so viele gesetzlichen Rechte hatten wie heute.

Diese neuen Rechte für die Kinder haben aber keine Verbesserung zwischen den Generationen gebracht. Die Möglichkeiten der Kinder, mit Rechtsgewalt gegen die Eltern zu kämpfen, hat keinen Frieden zwischen den Generation geschaffen, sondern hat zur

Respektlosigkeit der jüngeren Generation gegenüber der älteren Generation und zum Vertrauensverlust der älteren Generation in die jüngere Generation geführt, im Ergebnis hat es zum aktuellen Jugendwahn und zur Altersangst geführt. Nur die Bewusstheit über das „Warum“ kann Verständnis füreinander schaffen, damit die Bereitschaft wächst, sich mit den Ursachen der Generationenkonflikte auseinanderzusetzen und miteinander nach Lösungen zu suchen.

Die Charakterbildung in der fünften Ego-Stufe wird aus den emotionalen Mustern der Abstammungslinie gespeist. Der karmische Speicher befindet sich physisch in der Thymusdrüse. Die Thymusdrüse gibt diese Muster und Prägungen stufenweise an das Körpersystem des heranwachsenden Menschen ab. Mit der Geschlechtsreife entleert sie ihren gesamten emotionalen Inhalt in das endokrine System und die Informationen wandern in die Geschlechtsdrüsen, von wo aus sie zukünftig die emotionalen Reaktionen des erwachsenen Menschen steuern. Das führt zu den oftmals heftigen Charakterveränderungen während oder nach der Pubertät. Der heranwachsende Mensch wird in dieser Zeit mit den emotionalen Stärken und Schwächen seiner Stammfamilie sowie seinen persönlichen Bewertungen über diese Stärken und Schwächen konfrontiert.

Wäre mein Herzchakra durch die Vergebung meiner Enttäuschung offen gewesen, wäre mir diese sehr unangenehme Konfrontation erspart geblieben. So aber wurde ich mit genau den Verhaltensweisen in mir konfrontiert, die ich über viele Jahre bei meinem Vater, meiner Mutter und meiner Tante bewertet hatte. Die karmischen Belastungen meines Onkels waren mir erspart geblieben, weil ich ihn geachtet hatte und an seinem Lebensende großes Mitgefühl und Liebe für ihn gehabt hatte. Der Konfrontationsmechanismus wurde von meinem Selbst aus der siebten Seelenebene aktiviert, um mir die Chance zur Rehabilitation meiner egozentrierten Bewertungen zu geben und die Demut und das Mitgefühl in meinem Charakter zu integrieren.

Ich war bei fast allen Lehrern und den meisten Mitschülern beliebt gewesen. Ich war mehrmals von Mitschülern als Klassensprecher vorgeschlagen worden und von den Lehrern als Vertrauensschüler angesprochen worden. Beides lehnte ich ab aus Angst vor den öffentlichen Auftritten und der Verantwortung, Führung zu übernehmen. Ich war wütend und enttäuscht über mich. Die alten Wutanfälle, die über viele Jahre keine Bedeutung gehabt hatten, lebten wieder auf. Ich schämte mich in dieser Zeit für fast alles, was ich tat oder sagte.

Mit dreizehn Jahren bekam ich eine große Chance

durch meine Sportlehrerin, die mich für die Meisterschaften trainieren wollte. Ich war ein wirkliches Talent im Weitsprung und im Einhundertmeterlauf. In diesen Disziplinen war ich seit meinem neunten Lebensjahr regelmäßig Amtssiegerin. Was aber geschah an dem Tag, als ich vor einem Trainingsausschuss mein Talent beweisen sollte? Meine Tante ließ mich nicht gehen. Sie zwang mich, die Johannisbeeren im Garten zu pflücken und war durch nichts zu bewegen, durch kein Flehen und kein Bitten, dass ich zu diesem Termin fahren durfte. Wie ein Wachposten stand sie in Holzschuhen mit Forke vor dem Gartentor und ließ mich nicht gehen. Ich war fassungslos vor Wut und Ohnmacht.

Aus Angst vor der Begegnung mit meiner Sportlehrerin traute ich mich am nächsten Tag nicht in die Schule und blieb drei Tage im Bett. Als ich dann wieder zur Schule gehen musste, kam meine Sportlehrerin freundlich auf mich zu und fragte, warum ich nicht gekommen sei, ob ich das Probetraining wiederholen wolle. Ich habe sie ganz böse und laut angeblafft, dass ich keine Lust habe, und bin weggelaufen. Ich hatte nicht den Mut, die Wahrheit zu sagen, ich war gelähmt vor Scham, dass mir so etwas im Leben überhaupt passieren konnte. Ich habe mich nicht dafür geschämt, dass ich den Termin nicht eingehalten habe, sondern für das Warum.

auf mein Ego zurückzog. Ich begann missmutig und ablehnend meine Ausbildung, die ich nach sechs Monaten wieder abbrach, weil ich im praktischen Teil viele Ausfallzeiten durch Krankheit und Fehlzeiten im theoretischen Teil wegen meines Schulschwänzens hatte. Nach dem halben Jahr war ich sicher, dass ich die Ausbildung nicht zu Ende bringen würde.

In dieser Zeit war ich wirklich viel krank, ich hatte regelmäßig Migräneanfälle und war anämisch in Verbindung mit niedrigem Blutdruck und daraus resultierenden häufigen Schwindelanfällen. Mein gesamtes Leistungsniveau war sehr niedrig, ich war fast immer müde. Von meinen alten Schulfreunden hatte ich mich ganz getrennt und verbrachte meine Freizeit mit anderen Jugendlichen, die selber „Null Bock" auf Schule oder Arbeit hatten. Ich verliebte mich in dieser Zeit das erste Mal in diesem Leben, und zwar in den charismatischen Anführer einer Jugendgang, der neben mir noch mit mindestens drei weiteren Mädchen zur gleichen Zeit zusammen war, ohne dass wir voneinander wussten. Im Nachhinein war dies der eigentliche Grund für mein Interesse an ihm, ich spürte seine Bindungslosigkeit und hatte den unbewussten Ehrgeiz entwickelt, dass er sich für mich allein entscheiden sollte. Bevor ich mich in unheilvolle Situationen bringen konnte, trennte uns das Schicksal glücklicherweise voneinander, weil mein untreuer Freund für geraume Zeit in staatliche Aufsicht überführt wurde.

Meine Tante wusste sich keinen Rat mehr, sie wurde mit mir nicht mehr fertig, wie sie es nannte, sie hatte Angst, dass ich auf die „schiefe Bahn" komme, und holte sich Rat beim Jugendamt und bei meinen älteren Schwestern. Meine älteste Schwester, die in meiner Nähe lebte, machte den Vorschlag, dass ich zu meinem Vater ziehen sollte, der mit meinem vier Jahre älteren Bruder und meiner zwei Jahre jüngeren Schwester zusammenlebte. Sie hatte ihn kürzlich mit ihrem Ehemann besucht und fand, dass er Unterstützung im Haushalt benötigen könnte. Meine älteste Schwester delegierte ihre Schuldgefühle meinem Vater gegenüber damit elegant auf mich. Für Hilfegesuche dieser Art war ich sehr empfänglich, mein ausgeprägtes Helfersyndrom brachte mich in meinem Leben häufiger in mehr oder weniger große Schwierigkeiten, weil ich mich regelmäßig damit überschätzte.

Ich selbst war zu stolz, um Hilfe zu bitten, die ich offensichtlich wirklich dringend benötigte. Ich glaubte, hochmütig wie ich war, ich wäre in meiner Instabilität für irgendjemanden eine Hilfe. Welch eine Verblendung!

Ich stimmte dem Vorschlag meiner ältesten Schwester zu und ging in Hochstimmung zu meinem Vater, den ich in den letzten sieben Jahren der familiären Trennung stark idealisiert hatte und den ich mittlerweile als Übervater in Erinnerung hatte. Meine Tante ließ mich sehr ungern ziehen und nahm mir das Versprechen ab, dass ich, bevor ich in Not käme, sofort zur ihr zurückkommen sollte.

Mit großen Erwartungen zog ich bei meinem Vater ein, der davon gar nicht so begeistert war, was ich aus heutiger Sicht gut verstehen kann. Seit dem Tod meiner Mutter hatte mein Vater in den vergangenen acht Jahren einen eigenen Leidensweg hinter sich und war ein am Schicksal zerbrochener und darüber lebensmüder Mann geworden. Die zusätzliche Verantwortung für mich, eine halbwüchsige und rebellische Tochter, brachte ihn an seine Grenzen. Mein älterer Bruder und meine jüngere Schwester lebten bei ihm, weil für beide keine Pflegefamilie gefunden wurde, nicht, weil sie unbedingt bei ihm leben wollten.

Schon, als ich die düstere Zechensiedlung von Weitem sah, rutschte mir das Herz in die Hose vor Beklemmung, wohlahnend, auf was ich mich so unbedacht eingelassen hatte. Am selben Abend wäre ich am liebsten wieder zu meiner Tante in das kleine Dorf in Ostwestfalen zurückgereist, doch das ließ mein Stolz nicht zu. Ich liebte meinen Vater trotz alledem und wollte ihn durch meine Ablehnung seiner Lebenssituation nicht verletzten. Also blieb ich und suchte mir mit Hilfe meiner Schwester Tata, die in Notsituation immer für mich da war, einen Ausbildungsplatz als Arzthelferin. Diese Arbeit gefiel mir ganz gut und ich hätte die Ausbildung gern beendet, wenn ich nicht nach einigen Monaten schwanger geworden wäre.

Meine Arbeitskolleginnen luden mich nach einiger Zeit ein, abends nach der Arbeit noch etwas in einem Lokal trinken zu gehen. Ich war zwar erst fünfzehn Jahre alt, wirkte aber wie Anfang zwanzig. Ich lernte gleich am ersten Abend einen sehr attraktiven jungen Mann Mitte zwanzig kennen, der mich zu einer Cola einlud. Wir tranken etwas zusammen, ich wollte aber spontan wieder gehen, als ich gemerkt hatte, dass er Ausländer war. Meine dörfliche Erziehung mit den damit verbundenen Vorurteilen gegenüber ausländischen Mitbürgern hatte ihre Wirkung nicht verfehlt.

Am nächsten Tag, als ich aus der Praxis kam, stand der junge Mann vor der Tür und wartete auf mich. Ich ignorierte ihn und ging schweigend an ihm vorbei zur Bushaltestelle. Das wiederholte sich einige Male, bis er beim dritten Mal den Mut hatte, mich anzusprechen und mich einzuladen. Ich nahm die Einladung an und wir kamen uns immer näher, bis es nach einiger Zeit zu einer intimen Begegnung kam, die mich desillusionierte und ich daraufhin den Kontakt zu ihm ohne weitere Erklärungen abbrach. Ich fühlte mich noch nicht reif genug für eine derartige Beziehung.

Nachdem ich merkte, dass ich schwanger war, wollte ich sterben vor Scham. Ich packte ein paar wenige Sachen, verließ meinen Vater unbemerkt und fuhr zu meiner Schwester. Meine Schwester Tata lebte zu dem Zeitpunkt als Schwesternschülerin in einem Wohnheim, wo ich mit ihr die nächsten sechs Monate das Zimmer teilte, bis unübersehbar wurde, dass ich schwanger war. Meine Familie und das Jugendamt setzten mich sehr unter Druck. Da ich auf keinen Fall abtreiben lassen wollte, drängten sie mich dazu, dass ich das Kind wenigstens zur Adoption freigeben sollte. Es wurde von mehreren Seiten sehr massiv auf mich eingewirkt, doch ohne Erfolg. Ich war schon als junger Mensch sehr schwer zu beeindrucken, schon gar nicht durch Drohungen oder Gewalt. Ich brachte das Kind zur Welt, eine wunderschöne Tochter, die ich Decana nannte. Ich begann mich zu disziplinieren.

Ich wollte für meine Tochter ganz allein sorgen und habe dem Kindsvater von seiner wunderbaren Tochter nie etwas erzählt. Ich habe die Verantwortung für diese Entscheidung übernommen und das war gut so, eine der wenigen Entscheidungen, die ich nie bereut habe. Die Liebe zu meiner Tochter gab mir endlich den Lebenssinn, den ich aufgrund fehlender Selbstliebe brauchte.

Diese fehlende Selbstliebe ist es immer, die die Menschen das Leben sinnlos und freudlos erleben lässt, wenn sie nicht irgendeinem egozentrierten Ziel mit Ehrgeiz folgen können. Das Verständnis für die Bedeutung des Satzes „Der Weg ist das Ziel" erfordert die Bewusstheit der Erfahrung von Selbstliebe.

Mir fehlte seit Jahren die Erfahrung von Selbstliebe und so stürzte sich mein Ehrgeiz regelrecht auf die Herausforderung, als alleinerziehende Mutter für ein Kind zu sorgen. Ich söhnte mich mit meiner Tante aus und zog zusammen mit meiner Tochter zu ihr. Meiner Tante ging in der Aufgabe, sich um das kleine Kind zu kümmern, regelrecht das Herz auf, und ich habe sie nie wieder so glücklich erlebt wie in den ersten zwei Jahren mit meiner Tochter. Ich selbst suchte mir einen Arbeitsplatz, den ich ohne großen Einsatz bekam, weil ich durch mein Familienkarma sehr fleißig und zuverlässig war. So leitete ich mit siebzehn Jahren eine Mädchenboutique und hätte sicher langfristigen großen Erfolg in dieser Branche gehabt, wenn mein Selbst sich nicht eingemischt hätte, wiederum durch den Einsatz meiner Tante.

Meine Tante motivierte mich, doch einmal zum Tanzen zu gehen, damit ich eine Abwechslung hätte. Sie meinte, ich sei zu jung, um nur zu arbeiten. Aus eigenem Antrieb hatte ich niemals viel Interesse an den allgemein üblichen dörflichen Vergnügungen wie Tanzveranstaltungen, Kirmes oder Sportfesten. Mein Ehrgeiz siegte aber auch hier, ich hatte mir vorgenommen, dass ich alle Maßnahmen ergreifen werde, um meinem Kind ein erfolgreiches Leben nach dem Vorbild dieser Welt zu schaffen. Dazu gehörte auch ein Ehemann für mich und ein angemessener Vater für meine Tochter.

An Verehrern hatte ich keinen Mangel, nach dem gängigen Schönheitsideal war ich attraktiv, manche nannten mich sogar ausgesprochen schön. Woran es mir auf jeden Fall mangelte, war der verführerische zarte Schmelz der weiblichen Anziehungskraft meiner Persönlichkeit. Ich war fast abweisend offen und ziemlich unbeholfen, wenn es um das Zeigen meiner Gefühle ging. Die hohe Kunst des Plauderns und die geheimen Gesetze des Flirtens waren mir nicht in die Wiege gelegt. Ich fand es unerhört, in zwischenmenschlichen Beziehungen unehrlich zu sein, um ein bestimmtes Ziel zu erreichen. Ich habe es nie verstanden, warum man sich begehrlich, interessant oder geheimnisvoll geben muss, um einen passenden Partner zu finden. Aus heutiger Sicht bestätige ich, dass meine damalige aufrichtige Einstellung die einzig richtige war und ist. Nur der Partner, der sich durch natürliche Offenheit und ohne Anstrengung in unserem Leben zeigt, ist auch der einzig richtige.

Jede Beziehung, egal ob Freundschaft, berufliche Partnerschaft oder Liebesbeziehung, die auf Verführung oder auf Verschleierung beruht, führt nicht zum Glück, sondern zu verletzter Eitelkeit, enttäuschter Erwartung und letztlich zu schmerzvollen Trennungen.

Meine damalige Freundin belehrte mich, dass ich eine Taktik aufbauen und eine Strategie verfolgen muss, um mir einen Mann zu angeln. Ich bemühte mich sehr ihren Ratschlägen zu folgen, sah aber keinen Erfolg darin. Entweder gefielen mir die Männer nicht oder ich gefiel mir in dieser Rolle nicht. Ich gab es auf, zu taktieren und Strategien zu verfolgen und blieb bei meiner Offenheit.

Geheiratet habe ich ein Jahr später einen im gleichen Maße exzentrischen wie egozentrierten Bildhauer, den ich schon von meiner Schulzeit her kannte und den ich damals wirklich faszinierend fand, weil er unerreichbar war für mich. Mit seinen langen dunklen Locken und seinem gebräunten athletischen Körper war er der Schönling der Schule. Er war zwei Klassen über mir und schaute mich überhaupt nicht an. Mit meinen schlaksigen Bewegungen und meinem muskulösen Körperbau passte ich nicht in sein damaliges Jagdschema.

Als wir uns wiedertrafen, war er äußerlich nicht mehr ganz so attraktiv, aber ich fand ihn immer noch sehr anziehend. Er hatte schon mit Anfang zwanzig eine beginnende Stirnglatze, neigte zur Korpulenz und war sehr introvertiert geworden. Er verliebte sich in mich, weil ich interessant, lebhaft und äußerlich sehr attraktiv geworden war. So ist es immer, unsere Wünsche werden alle erfüllt, leider fast immer dann, wenn wir sie nicht mehr wollen, ja sie uns sogar oft lästig sind. Unsere Beziehung war karmisch wertvoll für beide und hätte uns beide ins Gleichgewicht bringen können, wenn wir den Kampf miteinander aufgegeben hätten. Wir haben einerseits gut zusammengepasst durch unsere Vorliebe für Kunst, Literatur und gutes Essen. Andererseits entwickelten wir im Laufe der Beziehung unterschiedliche Lebensziele, sodass wir uns ab meinem einundzwanzigsten Lebensjahr nur noch stritten, weil ich mich seiner wachsenden Herrschsucht nicht unterordnen konnte und wollte.

Zwischen dem einundzwanzigsten und achtundzwanzigsten Lebensjahr baut sich die sechste Ego-Stufe auf, die aus dem mentalen karmischen Speicher der Abstammungslinie gespeist wird. Sie entscheidet über die kollektive Macht, die ein Mensch ausüben soll, oder besser formuliert meistens ausüben will. Kein Mensch, der von sich aus Macht ausüben will, hat einen karmischen Machtanspruch. Das eine schließt das andere aus. Nur wer nicht den Wunsch nach Macht hat, kann Macht zum Wohle aller ohne egozentrierte Ziele einsetzen. Als wir heirateten, war der Machtanspruch meines Mannes noch nicht so ausgeprägt und mein Machtanspruch war nie vorhanden. Ich habe meinen großen Willen eingesetzt, um Ziele erfolgreich zu erreichen, habe aber niemals eine andere Person beherrschen wollen oder in einer Gruppe die Herrschaft verlangt. Im Gegenteil habe ich davor sehr lange Angst gehabt und habe mich allen Führungsangeboten entzogen. Besonders schlimm wurde sein Machtstreben, nachdem unsere gemeinsame Tochter, meine zweite Tochter Persa, geboren wurde und ich kein eigenes Geld mehr verdiente. Bis dahin hatte mich meine Tante regelmäßig unterstützt, die dann verstarb und uns beiden gemeinsam ihr Haus und ihr Barvermögen hinterließ. Mein Mann war so weit gegangen in seinem Machtanspruch, dass er darauf bestand, mitzuerben, obwohl er wirklich keinen natürlichen Anspruch gehabt hätte.

Ich war lange wütend auf mich, dass ich mich nicht gegen meinen Mann durchsetzen konnte. Ich hatte einen starken Willen, wurde gern laut, wütend und warf sogar manchmal mit Gegenständen. Innerlich war ich ganz sanft und sehr versöhnlich, was ich durch mein lautes Frechsein verbergen wollte. Seinem Durchhaltevermögen an stummer Starrheit war ich nicht lange gewachsen und ich gab immer wieder nach. Regelmäßig verlor ich die Auseinandersetzungen um Wille und Macht an meinen starrsinnigen Mann.

Nach dem Tod meiner Tante stritten mein Mann und ich uns so sehr, dass ich mich von ihm trennte und ihm unsere gemeinsame Tochter und unsere Besitztümer kampflos überließ. Nur weg wollte ich von ihm und ich nahm meine erste Tochter mit, da sie außer mir niemanden hatte. Wie sich die Situationen und Verhaltensweisen wiederholen. Ich nahm meine zweite Tochter aus dem gleichen Grunde nicht mit, wie damals meine Mutter mich nicht. Ich glaubte sie in besseren Händen als in den meinen, weil ich mich so geringschätzte. Mein schlechtes Gewissen und meine Sehnsucht zu meiner zweiten Tochter ließen mich demütig werden, und so söhnte ich mich im Außen nach einigen Monaten mit meinem Mann wieder aus. Im Inneren blieben wir von da an getrennt.

Nach dieser Entscheidung bekam ich immer häufiger starke Magenschmerzen, die sich zu Magengeschwüren entwickelten. Wir waren kein Liebespaar, sondern aus Verantwortung und Pflichtgefühl gegenüber den Kindern für die nächsten neun Jahre eine Zweckgemeinschaft geworden. Bis es dann zur endgültigen Trennung kam, weil wir uns zu sehr voneinander entfernt hatten. Der äußere Grund war für mich, dass ich mich in meinen damaligen Chef verliebte, ich, die ich Treue und Aufrichtigkeit als wichtigstes Gut in einer Beziehung sah. Ich bewunderte besonders sein großzügiges soziales Verhalten seinen Mitarbeitern gegenüber und sein freundliches, sanftes Wesen im Allgemeinen. Eine Beziehung hat es zwischen uns nie gegeben, denn er war verheiratet und ein treuer Mensch, weshalb ich ihn umso mehr schätzte.

Ich hätte nie um einen Mann gekämpft, schon gar nicht, wenn er verheiratet war, das wäre für mich Verrat gegen mein eigenes Treuegesetz gewesen. So verließ ich mich auf meine gewohnte Verhaltensweise und lief einfach weg. Ich inszenierte ein Drama und entzog mich Knall auf Fall meiner Verantwortung als Mitarbeiterin und enttäuschte als Mensch. Lieber nahm ich Verachtung in Kauf als meine wahren Gefühle zu zeigen. Unter der Knute eines ängstlichen Egos gedeiht die Feigheit und der Stolz besonders gut.

Ich hatte in den dreizehn Jahren der Lebensgemeinschaft mit meinem ersten Mann eine kaufmännische

Ausbildung gemacht und viel für meine berufliche Qualifikation getan. Ich war seit mehreren Jahren finanziell völlig unabhängig von meinem Mann. Im Gegenteil war ich es, die für die materielle Basis der Familie sorgte. Die Verliebtheit in einen anderen Mann war ein Alibi für meine Trennung. Die Wahrheit über die Trennung war meine wachsende Ablehnung und Verachtung für meinen Mann und seine Lebenshaltung. Wir hatten uns sehr konträr entwickelt. Je starrer und dogmatischer er wurde, umso liberaler und offener wurde ich.

Ich habe mich immer schwergetan mit Trennungen, weil ich nie vergessen habe, dass jede Trennung für eine Lebensaufgabe ein Versagen bedeutet. Es gibt keine Flucht vor dem, was für uns vorgesehen ist. Alles, was wir uns vorgenommen haben zu tun, muss erfüllt werden. Die Personen und Schauplätze mögen sich dabei ändern, die Aufgaben bleiben die gleichen. Wir schaffen uns durch Flucht vor unseren Aufgaben keine Lösungen, sondern Wiederholungen.

Wenn ein Mensch Hingabe lernen muss, dann kann er es mit jedem Menschen lernen, der gerade in seinem Leben ist. Niemand muss den Partner wechseln, weder in der Ehe noch in anderen Beziehungen. Wenn eine Beziehung wirklich vorbei ist, dann gibt es keine traumatische Trennungserfahrung, sondern ein einvernehmliches befreites Verabschieden.

Ich musste aber überhaupt keine Hingabe lernen, sondern die Selbstverwirklichung war meine Aufgabe. Ich hätte meine Selbstverwirklichung mit achtundzwanzig Jahren abschließen können, weil ich in den Ego-Stufen sechs und sieben keine Belastungen zu lösen hatte. Im Gegenteil wartete das Selbst zu diesem Zeitpunkt darauf, dass ich endlich meinen Machtanspruch an die Führung stelle und konsequent meiner inneren Wahrhaftigkeit folge. Das Durchsetzungsvermögen meiner Ideale und Vorstellungen war meine Aufgabe, nicht das Festhalten an Beziehungen mit Menschen, die diesen Idealen nicht entsprachen. Seit meinem siebenundzwanzigsten Lebensjahr ersuchte mich mein Selbst, das mich die ganzen Jahre mit Aufmerksamkeit beobachtet hatte, dass ich um die Selbstverwirklichung bitten würde. Dies kam mir gar nicht in den Sinn, ich hatte mich wohl selbst vergessen.

Ich habe mich in Wirklichkeit nie getrennt von meinen Idealen oder von geliebten Menschen, es ist meistens nicht so, wie es auf den ersten Blick erscheint. Ich habe immer aus Scham und Schuldgefühlen über das Versagen meiner Ideale mit großer Kraftanstrengung willkürliche Abbrüche herbeigeführt. Diese Abbrüche, die meistens auch mit emotionalen, finanziellen und materiellen Verlusten verbunden waren, haben tiefe Verletzungen in meinem Emotionalkörper hinterlassen und mich nicht zur Freiheit geführt.

Es hat viel Bewusstseinsarbeit und Mut gekostet, mir die Ursachen später zugänglich zu machen und mich von den damit verbundenen Schmerzen endgültig zu heilen.

Glück und Unglück

Von außen betrachtet hat mein Verhalten auf andere Menschen sicherlich manches Mal willkürlich, gefühllos, unberechenbar, dumm oder manchmal auch verrückt gewirkt. Ich habe selten Erklärungen zu meinem Verhalten abgegeben, ich konnte keine Erklärungen abgeben, weil ich mich selbst nicht verstand. Im Inneren bin ich während oder nach diesen Aktionen tausend Tode gestorben vor Scham und vor Schuldgefühlen über meine Unfähigkeit, mich den Problemen stellen zu können oder sie zu lösen, aufgrund meiner fehlenden Selbstachtung und meines mangelnden Selbstvertrauens.

Die größten Widerstände hatte ich immer damit, wenn ich zu Unrecht beschuldigt wurde und Vergehen angeklagt wurde, die ich nicht begangen hatte. Dann bin ich lieber wütend weggelaufen oder habe die Anklage ohne Widerspruch geschluckt, ich bin geblieben nach dem Motto „Wer sich verteidigt, der klagt sich an". Dieses Motto ist in der Tat die absolute Wahrheit, aber um diese Wahrheit leben zu können, muss der Mensch wirklich befreit sein, was ich jedoch damals nicht war.

Wenn ich zu viel schlucken musste, bekam ich meine legendären plötzlichen Wutanfälle, bei denen ich alles herausschrie, was mich verletzt hatte.

Sicherlich nicht unbedingt eine erfolgreiche Art, um soziale Kontakte aufzubauen und Freundschaften zu pflegen. So hielt ich es auch nach der Trennung von meinem ersten Mann als unvermeidbar, mich ebenfalls von meinem Arbeitgeber zu trennen. Von einem Tag auf den anderen kündigte ich von mir aus meine Arbeitsstelle und gab als Grund nicht zu überwindende Diskrepanzen an. In Wahrheit wusste ich nicht, wie ich meinen verworrenen Emotionalkörper wieder in das Gleichgewicht bringen sollte. Ich nahm lieber eine sechsmonatige Sperrfrist des Arbeitslosengeldes in Kauf als mich mit meinen Gefühlen auseinandersetzen zu müssen. Es war traurig, aber wirklich wahr.

Materielle Sicherheit war für mich nicht so wichtig wie mein Festhalten an den eigenen Glaubenssätzen von Gut und Böse. Leider entsprachen nicht alle diese Glaubenssätze meinem Höchsten Selbst, die meisten entsprachen menschlichen Vorstellungen von Heldentum aus Ehre und Überlegenheit den Schwachen gegenüber. Lieber in Stärke leiden als durch Anerkennung der eigenen menschlichen Schwäche glücklich sein.

Nach der Kündigung dieses sicheren Arbeitsplatzes geriet ich zwangsläufig in finanzielle Bedrängnis, weil ich sechs Monate keine Einnahmen hatte, die Fixkosten jedoch weiter anfielen. Ich kündigte meine Wohnung, lagerte die Möbel ein und ging für einige Monate zu meinem ältesten Bruder, um bei ihm auf dem Wochenmarkt zu arbeiten. Meine finanzielle Zukunft sah nicht unbedingt rosig aus. Welch ein Unglück.

Währenddessen schrieb ich unermüdlich Bewerbungen, ich suchte eine Arbeit im Außendienst, das erschien mir interessant und sollte mich auf andere Wege führen. Ich hatte das unglaubliche Glück, dass ich nach vier Monaten Arbeitslosigkeit eine ausgezeichnete Stelle im Außendienst bekommen habe, so wie ich es mir ausgemalt hatte. Eigentlich kaum zu glauben, ich war dreiunddreißig Jahre alt, hatte keine Erfahrung im Außendienst und war darüber hinaus eine Frau. Ich war die erste Frau in einem reinem Männersegment, ich verkaufte als einzige Frau Wasserpumpen. Das tat ich mit überdurchschnittlichem Erfolg, weil ich an mich und meine Fähigkeiten glaubte und sehr zuverlässig arbeitete.

Glück beruht auf der Fähigkeit, an sich selbst glauben zu können, und das war in mir immer vollendet. Zwischen dem achtundzwanzigsten und fünfunddreißigsten Lebensjahr integriert sich die siebte Ego-Stufe in der Persönlichkeit eines Menschen zum endgültigen Charakter für dieses Leben. Die siebte Ego-Stufe zeigt das Gesamtpotential eines Menschen über die Fähigkeit zur Selbstverwirklichung in dieser Inkarnation.

Da bei mir in den Stufen sechs und sieben keine karmischen Belastungen aus meiner Abstammungslinie vorhanden waren, sondern sich in mir reines Bewusstsein offenbarte, konnte ich ab dem achtundzwanzigsten Lebensjahr aus der „Quelle von allem, was ist“ neue Kraft beziehen, solange ich diese Kraft für mein Wohl einsetzte. Das wusste ich zu dem Zeitpunkt zwar noch nicht, doch ich nutzte diese Fähigkeit, die sich mir aus meinem höchsten schöpferischen Geist offenbarte, um Zukunftsvisionen für mich zu schaffen.

Diese Visionen waren aufgrund meiner Vorgeschichte zunächst einmal alle auf beruflichen und materiellen Erfolg ausgerichtet. Ich hatte das erste Mal in meinem Leben ein Gefühl von Lebendigkeit. Alles, was ich mir vorstellte, gelang ohne Schwierigkeiten. Ich fand genau die richtige Wohnung, die Arbeit lief ohne große Schwierigkeiten, mein Lebenserfolg schien ungetrübt. Nur an den Wochenenden war ich meistens allein, weil ich keinen neuen Freundeskreis aufbauen wollte, ich war emotional verletzt. Ich hatte überhaupt kein Interesse an neuen Beziehungen, da ich unfähig geworden war, mich auch nur oberflächlich auf andere Menschen einzulassen. Zu diesem Zeitpunkt wusste ich das nicht, das Bewusstsein fehlte mir dafür.

Heute sehe ich den Zusammenhang dafür deutlich zwischen meinem unterentwickelten Emotionalkörper, der dem einer Zwölfjährigen entsprach, zu meinem freien Geist, der unmittelbar Zugang zur Weisheit hatte. Ich habe diese Unfähigkeit gar nicht wahrgenommen, weil ich emotional blockiert war. Ich definierte meine Verfassung eher als überfordert und schrieb die mentalen Verstimmungen meiner Müdigkeit zu. Ich schlief die Wochenenden einfach weg und ignorierte die Ursachen völlig. Während ich arbeitete, ging es mir gut, für die Wochenenden nahm ich mir Hausarbeiten vor, danach ruhte ich mich aus. Abends betäubte ich mich, um besser schlafen zu können, mit Rotwein und Zigaretten. Ich war in schwierigen Phasen meines Lebens eine typische Entlastungstrinkerin, wenn sich großer mentaler Stress aufgebaut hatte. Es war das Erbe meines Vaters, das ich trug, weil ich ihn genau dafür verurteilt hatte. In die Gefahr, süchtig zu werden, kam ich durch den Schutz meines aufmerksamen Selbstes nicht, weil ich nach zu viel Alkohol Magenschmerzen und Kopfschmerzen bekam, von denen ich mich oft mehrere Tage lang erholen musste. Was für ein Glück für mich!

Zeitgleich mit mir hatte ein männlicher Kollege im Außendienst angefangen, der sich sehr um mich bemühte. Wir verbrachten viel Zeit miteinander und so entwickelte sich nach kurzer Zeit eine Freundschaft daraus. Es hätte bei dieser Freundschaft bleiben können und sollen, wenn mein Ehrgeiz, das Leben perfekt zu gestalten, nicht gewesen wäre. Aus übertriebenem Ehrgeiz entsteht immer der Wunsch nach Perfektion, um den Ehrgeiz aus dem Streben nach Perfektion lebendig zu halten. Da es keine wirkliche Perfektion geben kann, kann das Streben nicht erfüllt werden, egal wie viel Mühe aufgewandt wird, so wird die Zielerfüllung zur unendlichen Anstrengung.

Dieser Arbeitskollege war im Ganzen betrachtet überhaupt kein Mann für mich. Weder entsprach er äußerlich meinen Vorstellungen, noch hatte er einen besonders edlen Charakter oder sonstige ungewöhnliche Fähigkeiten. Er war oberflächlich gesehen ein charmanter Gesellschafter und aufmerksamer Zeitvertreiber, der bei näherem Hinsehen unzuverlässig war und wenig Tiefgang hatte. Was an ihm bemerkenswert war und womit er mich letztlich überzeugte, war seine Gabe, die Schwächen der Menschen zu seinem Vorteil zu nutzen. So erkannte er in mir meinen geringen Selbstwert. Er steigerte meinen Selbstwert, indem er meiner Eitelkeit schmeichelte. Er vermittelte mir eine besondere Großartigkeit, indem er mir das Gefühl gab, dass er den Boden küssen wollte, auf dem ich ging. Seine Komplimente und Schmeicheleien waren selbstverständlich alles Phrasen, aber ich ließ mich davon immerhin so beeindrucken, dass ich ihn sogar heiratete.

Wir kamen als Paar zusammen, weil er ebenfalls sehr ehrgeizig war und ebenfalls einen geringen Selbstwert hatte. Bei beiden war es keine wirkliche Liebe, die Beziehung war von Anfang an auf Neid, Gier und Stolz begründet. Ich oder besser gesagt mein Ego fühlte sich zu Beginn in seiner Gegenwart großartig und war regelrecht von seinen Komplimenten entzückt. Er hingegen fühlte sich generell zu Frauen hingezogen, die ihn eher ablehnten oder ihm überlegen schienen. So hatte er sich wohl am Anfang aus Bewunderung in mich verliebt, weil ich im ersten Ergebnis erfolgreicher war als er, der ein Mann war und darüber hinaus Außendiensterfahrung hatte. Er hatte sich in ein Idealbild von mir verliebt und glaubte sich durch eine Partnerschaft mit mir aufwerten zu können. Meine abweisende kühle Art machte mich für ihn umso interessanter und begehrenswerter. Welch ein Unglück für uns beide!

Über ihn machte ich mir keine Illusionen. Ich sah deutlich seine Verantwortungslosigkeit der Wahrheit gegenüber und seinen Trieb zur Verblendung und Selbsttäuschung.

Die Fähigkeit zur Verblendung und die Anlage zur Selbsttäuschung liegt in jedem Menschen, auch in mir, und so habe ich meinen zweiten Mann noch im selben Jahr geheiratet, welch ein Unglück.

Die größte Selbsttäuschung war es, dass ich glaubte, mich und meine Vorstellungen bewahren zu können angesichts der Überzeugungskraft meines zweiten Mannes. Im Gegenteil, genauso wenig, wie ich mich gegen die Herrschsucht meines ersten Mannes durchsetzen konnte, genauso wenig konnte ich mich der Überzeugungskraft meines zweiten Mannes entziehen.

Warum ich mich nicht durchsetzen konnte, obwohl ich mit Unterscheidungsvermögen ausgestattet war, lag daran, dass ich für meine Überzeugungen kämpfen wollte und das Prinzip der Vergebung noch nicht verstanden hatte und deshalb auch nicht anwenden konnte. Gerade aus dieser Tatsache heraus, dass ich mir nicht vergab, mich nicht gegen sie durchsetzen zu können, waren beide Beziehungen so schmerzlich enttäuschend für mich und meine Partner.

Auf der anderen Seite waren diese Enttäuschungen für meine spirituelle Entwicklung großartig. Mein Stolz wurde geschmolzen und die Demut bahnte sich den Weg zu meinem Herzen. Sicher oft ein schwerer Weg für meinen Stolz, aber der einzige Weg zu meiner Selbstliebe. Somit waren beide Ehepartner für meine persönliche Entwicklung perfekt, denn es gibt keinen Irrtum im Lebensplan, sondern nur das mangelnde menschliche Verständnis für die Zusammenhänge des Glücklichseins.

Mein zweiter Mann war als Verkäufer ein sehr großes Talent, weil er mit faszinierender Überzeugungskraft den Menschen das Blaue vom Himmel versprach. Er log dann nicht einmal, denn er war im Augenblick seiner Versprechungen immer fest davon überzeugt, dass dies für ihn möglich sei zu realisieren. Wenn er später für seine Versprechungen verantwortlich gemacht wurde, war er nicht einsichtig oder er schämte sich nicht. Nein, er suchte beharrlich das Versagen bei anderen und nahm nicht die Verantwortung für sein Handeln an, was erst die Kunden verärgerte und später seine Vorgesetzten. Keine seiner Erfolge waren von Dauer. Nicht aus Böswilligkeit, sondern er vergaß seine Versprechungen oder es interessierte ihn später nicht mehr, weil er schon wieder mit neuen Plänen beschäftigt war. Es fehlte ihm die Fähigkeit, zwischen dem Möglichen und dem Unmöglichen zu unterscheiden, und daraus resultierend fehlte ihm die Weitsicht, was für ihn und natürlich damit auch für seine Partnerschaft sinnvoll sein könnte.

Gelitten hat er damals schon ganz offen an sich und seinen Lebensbedingungen, denn vor unserer Ehe und auch innerhalb der Ehe war er in psychologischer Behandlung, was bedeutet, dass er grundsätzlich damals schon zur Veränderung bereit war. Es wird sich auch für ihn alles zum Besten fügen, wenn seine Zeit gekommen ist.

Er wird diese Lebensstrecke mit mir sicherlich ganz anders aus seiner Sichtweise heraus in Erinnerung haben. Alle meine Schilderungen entstammen meiner individuellen Betrachtungsweise der jeweiligen Zeit zur jeweiligen Person und repräsentieren natürlich nicht die individuellen Empfindungen und Wahrnehmungen der Menschen, die meinen Weg begleitet haben. Jeder Mensch lebt in seiner eigenen Welt mit seiner eigenen Wahrheit und jede dieser individuellen Wahrheiten verdient unsere Achtung und unseren Respekt, auch wenn sie nicht mit der eigenen Wahrheit übereinstimmen.

Aus meiner heutigen Sicht gibt es überhaupt keine menschlichen Erfahrungen, die es wert wären, sie für die Ewigkeit zu bewahren, weil alle Lebenserfahrungen sich in jedem Augenblick mit der Veränderung der Sichtweise wandeln können.

Jetzt wo ich noch einmal mit meinem heutigen Bewusstsein in diese Erfahrungssequenz meiner früheren Lebenserfahrungen eintauche, muss ich lachen über mich und meine naiven egozentrierten Vorstellungen von Gut und Böse der Menschen und ihren

Handlungen. Schade, dass ich damals noch mit so vielen Schuldgefühlen belastet war, sonst hätte ich in den dreieinhalb Jahren unseres Zusammenlebens sehr viel Spaß haben können, so abwechslungsreich und interessant wie diese Zeit war.

In meiner damaligen Egozentriertheit bin ich fast verzweifelt an der nach außen hin demonstrierten Oberflächlichkeit dieses Mannes, der ja mein äußerer Spiegel war, und ich fühlte mich unglaublich frei, als ich wieder auf eigenen Füßen stand und mich leichten Herzens von ihm trennen konnte. Ich habe ihm nie etwas nachgetragen. Es war meine eigene Eitelkeit und meine eigene Versagensangst, aus der heraus ich so viele vermeintliche Fehlentscheidungen getroffen habe.

Die wichtigsten und wertvollsten Erfahrungen habe ich in diesen Jahren aufgrund meiner karmischen Belastung von Existenzangst durch Gier in Verbindung mit „Geld" gemacht.

Ist denn das Geld wirklich so existenziell wichtig? Nicht wirklich aus meiner heutigen Sicht, aber in dieser Phase meines Lebens ganz bestimmt. Hier ging es ausschließlich um Ehrgeiz, Erfolg und um gesellschaftliches Ansehen vom Aufstehen bis zum Schlafengehen. Der erste Gedanke am Morgen, der letzte Gedanke am Abend war, wo bekommen wir

Geld her. Die nachhaltigste Erfahrung mit „Geld" machte ich einige Monate nach dem Verlust unserer Arbeitsplätze. Ich hatte mir keine Vorstellung davon gemacht, wie schwer es sein würde, eine Handelsvertretung im Werkzeugbereich zu bekommen. In mancher Hinsicht war ich wirklich naiv, was die gesellschaftlichen Gesetze anging.

Ich war nach einigen Monaten Arbeitslosigkeit und ohne Aussicht auf Veränderung gelähmt vor Existenzangst und hätte jede Arbeitsmöglichkeit genutzt, die einigermaßen akzeptabel war. In dieser Situation bekamen wir die Möglichkeit, für eine Geldanlagenfirma eine Repräsentanz aufzubauen, die ihren Anlegern ungewöhnlich viel Rendite versprach. Mein Mann wurde als Repräsentanzleiter vertraglich bestellt, ich hatte keine vertragliche Verbindung mit dieser Firma. Nicht, weil ich dies nicht wollte, der Firmeninhaber lehnte mich wegen seiner persönlichen Abneigung ab. Welch ein Glück für mich, wie sich später herausstellte.

Wir hatten von Anfang an Bedenken hinsichtlich der Seriösität des Unternehmens. Nach einigen Monaten haben wir über die Zusammenhänge und Details der Anlageformen recherchiert, wir sind bis nach London zum angeblichen Broker gefahren, um im Ergebnis die Repräsentanz niederzulegen und das Unternehmen behördlich anzuzeigen. Da wir selbst persönlich kein Geld für dieses Unternehmen vereinnahmt hatten, haben wir persönlich niemandem geschädigt. Das war Glück für uns beide.

Ich war sicherlich auch vor dieser Ehe nicht besonders verantwortungsbewusst in Geldangelegenheiten, das ist wahr. Ich hatte entweder Geld oder hatte kein Geld, meistens hatte ich Schulden, aber immer das Vertrauen, dass sich alles fügen würde, wenn ich nur lange genug darum bitten würde. Diese neue dramatische Erfahrung von Existenzangst resultierte aus dem grundsätzlichen Misstrauen meinem Mann gegenüber und aus dem Wissen um seine Unberechenbarkeit. Im Spiegel seiner Persönlichkeit wurde ich mit meiner eigenen Unberechenbarkeit konfrontiert und das machte mir wirklich Angst vor meinem eigenen Kontrollverlust. Ich hatte nichts, auf das ich mich verlassen konnte, ich hatte den Boden unter den Füßen verloren. Ich hatte Angst, ins Nichts zu fallen, wenn ich scheiterte. Nachdem ich mein Scheitern akzeptiert hatte, war alles plötzlich ganz leicht und ich wusste, was zu tun war.

Nach dem endgültigen Scheitern dieser Ehe bin ich mit nur wenigen persönlichen Habseligkeiten in ein Büro gezogen, das mir spontan angeboten wurde. Dort habe ich für einige Zeit sehr notdürftig und bescheiden gelebt, um ganz neu zu beginnen. Ich habe mich das erste Mal nicht dafür geschämt, dass ich mich getrennt habe, sondern ich war nur erleichtert. Ich habe während dieser Ehe viel über die Folgen von Selbsttäuschung, Selbstverleugnung und über Illusionen allgemein gelernt.

Ich habe erst viel später verstanden, was an diesen heftigen Erfahrungen gut für mich gewesen ist. Nachdem ich verstanden hatte, dass es um die Erkenntnis von mangelnder Selbstverantwortung ging, konnte ich mein Unterscheidungsvermögen zurückerlangen und dauerhaft bewahren. Welch ein Glück für mich!

Im Ergebnis war diese Beziehung die größte Gnade durch mein Selbst und ich erhielt fast unmittelbar nach der Trennung im Frühsommer meines siebenunddreißigsten Lebensjahres das Geschenk einer Erleuchtungserfahrung, die mein ganzes Leben verändern sollte. Ohne die vorherige Erkenntnis von der Selbstverantwortlichkeit dem Schicksal gegenüber hätte diese Erleuchtung nicht stattfinden können.

Ich habe in meinem ersten Buch schon einmal darüber geschrieben und über die Gefühle von tiefer innerer Glückseligkeit, die mir diese Erfahrung geschenkt hat. Heute befinde ich mich in jedem Augenblick meines Seins in diesem Frieden, den ich damals vor fast achtzehn Jahren als nie vorher erlebtes Glücksgefühl nur für einige Augenblicke in dieser Intensität bewahren konnte. Dieses mit nichts zu vergleichende Glücksgefühl durch den Kontakt mit dem Höchsten Selbst war so besonders für mich, dass ich danach begann, alles in Frage zu stellen, was meine damalige Welt wertvoll machte. Es brachte einen Reinigungsprozess in Gang, der mich mit den Erinnerungen aus allen Vorleben meiner gesamten Abstammungslinie konfrontieren sollte.

Dieser Reinigungsprozess hatte schon unbewusst seit meinem siebenundzwanzigsten Lebensjahr in mir gewirkt und war die Ursache für die vielen unterschiedlichen Krankheitssymptome, die ich seitdem hatte. Ich litt mittlerweile nicht nur an Migräne, Dauerdurchfall und Magengeschwüren, sondern ich nahm regelmäßig Medikamente, unter anderem Betablocker, weil mein vegetatives Nervensystem außer Kontrolle geraten war.

Ich bekam plötzlich über Nacht Nesselsucht oder andere Hautphänomene, die genauso verschwanden, wie sie gekommen waren. Meine Handtasche war zu einer Notfallapotheke geworden. Ohne meine Medikamente ging ich nicht aus dem Haus. Zum Arzt ging ich nicht, wie meine Mutter hatte ich Angst vor der Diagnose. Die von mir vermuteten Diagnosen hingen wie Damoklesschwerter über meiner Lebensfreude. Zu depressiven Verstimmungen kam es besonders an den Wochenenden, wenn ich mich nicht durch Arbeit ablenken konnte.

Nach dieser nachhaltigen Erleuchtungserfahrung begann ein bewusster Reinigungsprozess in mir zu wirken. Von meinem höchsten Bewusstsein begann sich ganz langsam wie ein Schleier mein menschlicher Geist zu erheben und es offenbarten sich mir die unterschiedlichsten Phänomene über die Wahrhaftigkeit von allem, was ist. Es dauerte aber nochmals neun Monate, bis ich so weit war, um meinen Weg nach innen ohne Kompromisse zu gehen.

Zu Beginn meines bewussten Weges begann ich wieder philosophische und spirituelle Bücher zu lesen. Ich verglich die Bibel mit dem Koran, der Thora, den Veden und den Weisheiten des Buddha. Ich sah die eine Wahrheit in allen Religionen. Ich erkannte den Unterschied lediglich in der individuellen Interpretation der einen Wahrheit durch verschiedene menschliche Persönlichkeiten, die diese Wahrheit auf ihre eigene Weise mit ihrer eigenen erreichten Bewusstheit erfahren und beschrieben haben.

Heute weiß ich, dass der Zustand der Erleuchtung, aus dem heraus die meisten Erkenntnisse weitergegeben wurden, erst der Beginn des Vollendungsprozesses ist. Ich weiß erst heute durch meine eigene Selbsterfahrung, dass die Bewusstheit, aus der heraus diese Beschreibungen der einen Wahrheit erfolgten, nicht bei allen aus dem höchsten Bewusstsein entstanden sind. Die meisten Beschreibungen entstehen aus der Verwirklichungsphase zwischen der siebten und neunten Bewusstseinsebene. Ab der zehnten Bewusstseinsebene, der verwirklichten Liebe, löst sich das menschliche Bedürfnis allmählich auf, etwas mitteilen zu wollen und Menschen hören auf zu schreiben.

Die höchste Bewusstheit als Ausdrucksform ist gekoppelt an das höchste Bewusstsein. Das höchste Bewusstsein wiederum entsteht nicht durch das Erkennen der Wahrheit in außergewöhnlichen Augenblicken von Erleuchtung. Der Bewusstwerdungsprozess des gesamten Lebensweges und hier besonders die Umsetzung der höchsten Wahrheit im Alltag entscheidet darüber, in welcher Stufe der Mensch seinen Prozess beendet und darüber, ob überhaupt, und was er hinterlässt.

Es gibt insgesamt zwölf Stufen der Entwicklung innerhalb der Selbstverwirklichung bis zur Vollendung, die niemals alle zwölf in einem menschlichen Leben bewältigt werden können. Wie weit der Bewusstwerdungsweg den Menschen in diesem Leben bringen kann, entscheidet seine spirituelle Reife bei der Geburt.

Ich selbst wurde mit der spirituellen Stufe sieben geboren und hatte von Anfang an das größte menschliche Potential an Bewusstheit aus dem Allbewusstsein entwickelt, um die fünf letzten Stufen der Selbstverwirklichung zu vollenden. Das Potential des Allbewusstsein ist unendlich verfügbar. Der menschliche Geist, seine Seele und sein Körper sind den physikalischen Gesetzen unterworfen und können sich nicht unendlich ausdehnen. Das Verhältnis zwischen Verfügbarkeit und Möglichkeit entscheidet über den Weg und damit über das Ziel.

Ich sah meinen Weg zu dem Zeitpunkt noch nicht im spirituellen Ziel, mir fehlten noch zwei wichtige menschliche Erfahrungen und Erkenntnisse. Ich wollte an der Stelle meiner Entwicklung in erster Linie Entlastung von meinen Symptomen, dann wollte ich so weitermachen wie bisher.

In beruflicher Hinsicht hatte ich wieder einmal großes Glück. Ich bekam einen Vertrag als Immobilienverkäuferin von einem der renommiertesten Bauunternehmen in Deutschland. Innerhalb der nächsten achtzehn Monate avancierte ich zur Newcomerin des Jahres und bekam eine Einladung zu einem Skiseminar in einem Hotel der Luxusklasse. Dieses Skiseminar war der letzte Tropfen, der das Fass meiner Selbstverleugnung zum Überfließen brachte.

In den letzten neun Monaten hatte ich eine Anzahl von Ängsten entwickelt, in Verbindung mit unangenehmen physischen Symptomen wie Herzrasen und Zittern der Hände. Aus diesem Grund nahm ich die Betablocker, die aber überhaupt keine Verbesserung der Symptome zeigten, sondern mir nur kalte Hände und größere Beklemmung brachten. Zu meiner generellen Existenzangst kamen Versagensängste durch befürchteten Kontrollverlust. Ich fühlte mich beobachtet und bewertet. Wenn ich spürte, dass mich jemand bei meinen Handlungen beobachtete, begann mein Herz zu rasen, es brach mir der Schweiß aus und meine Hände begannen zu zittern. Das passierte in Wirklichkeit nur zweimal. Diese beiden erlebten Situationen waren aber so nachhaltig, dass sich in meinem Mentalkörper die erlebten Situationen als lebensbedrohlich einprägten und sich automatisch die beschriebenen Symptome einstellten, wenn ich mit ähnlichen Situationen auch nur ansatzweise konfrontiert wurde.

Ich war froh über meinen beruflichen Erfolg und gleichzeitig hatte ich Angst vor dem Leben im Hotel mit so vielen Menschen. Stolz auf mich oder meine Leistungen war ich nicht mehr. Ich arbeitete jetzt vorrangig, um meine Schulden zurückzuzahlen, nicht um mich in irgendeiner Form gesellschaftlich zu profilieren. Ich fühlte mich gefangen in diesem

Netz aus Schulden und Forderungen und kämpfte um meine Freiheit durch meine neue Arbeit, die mir in den ersten achtzehn Monaten tatsächlich viel Geld einbrachte.

Wichtig für mich war bei jeder Tätigkeit, egal was ich tat, in erster Linie die Sinnhaftigkeit einer Arbeit, erst danach spielte die Bezahlung dafür eine Rolle. Ich musste, um für eine Firma tätig zu sein, von dem Sinn dieser Arbeit absolut überzeugt sein. Fühlte ich nur den geringsten Zweifel an dem, was ich tat und wofür ich eintrat, blieb der Erfolg aus. Mein schöpferischer Geist erlahmte und ich wurde inaktiv, ja geradezu destruktiv. Meine größte Stärke war auch meine größte Schwäche. War ich von einer Idee, einer Sache, einem Projekt überzeugt, wuchs ich über mich selbst hinaus und bewegte in kurzer Zeit die ganze Welt. Genauso wandte sich diese schöpferische Kraft gegen mich, wenn an einer Idee, einer Sache oder einem Projekt nur der leiseste Zweifel haftete.

Dieses Phänomen habe ich mindestens viermal in meinem Leben als selbstzerstörerisch erlebt und erst beim fünften Mal ist es mir gelungen, diese Verknüpfung von beginnendem Enthusiasmus über die Erfahrung von Enttäuschung, zu aufkeimenden Zweifeln bis hin zur Selbstzerstörung zu erlösen, und zwar bei meinem eigenen Elph-Project. In den bisherigen neun Jahren dieser Arbeit ist mein Glauben an die Sinnhaftigkeit daran stetig gewachsen und hat alle Prüfungen von Zweifel aus Enttäuschung und Ablehnung in mehr Glauben wandeln können.

Nachdem die karmischen Ursachen erlöst wurden, haben die unbewussten mentalen Prägungen keine Macht mehr über den Erfolg oder den Misserfolg. Sobald das Bewusstsein für die Ursache und die Wirkung von Schöpfung vorhanden ist, neutralisieren sich diese Prägungen und der bewusste Geist entscheidet frei über die Ergebnisse und entkommt so der vermeintlichen Ohnmacht gegen sein Schicksal.

Dieses Skiseminar war für mich Anstrengung pur. Erstens hatte ich Angst vor dem Lift, vor dem Skifahren und vor den sogenannten Vergnügungen. Zweitens feierte ich am vorletzten Tag meinen achtunddreißigsten Geburtstag, ich hatte Angst, in der Öffentlichkeit unter Beobachtung zu stehen. Drittens rief mich zu meinem Entsetzen auch noch am zweiten Abend die Sekretärin des Firmeninhabers an und lud mich ein, beim Abendessen am seinem Tisch zu sitzen. Es sollte ein Privileg sein, auf das ich gerne verzichtet hätte.

Beklommen saß ich zwischen den Führungskräften des Unternehmens direkt dem Firmeninhaber gegenüber. Ich aß wenig und hörte aufmerksam den Gesprächen zu, dabei wollte ich mich so unauffällig wie möglich präsentieren. Die von mir so geachteten und bewunderten Architekten, Verkaufsleiter und Starverkäufer unterhielten sich in einer Art und Weise über die von mir so positiv bewerteten Wohnungsobjekte, dass ich mich fühlte, als hätte man mir einen Eimer kaltes Wasser über den Kopf gegossen. Ich war irgendwie beleidigt und fühlte mich missbraucht.

Das bedeutet nicht, dass es wirklich so gewesen ist, sondern lediglich, dass ich den Abend so wahrgenommen habe und gehört habe, was ich hören wollte. Tatsache ist, dass ich danach viel mehr gearbeitet habe, jedoch mit wesentlich weniger Erfolg. Plötzlich hatte ich kein Interesse mehr an Fortbildung, Prämien oder sonstigen Vergünstigungen. Ich machte meine Arbeit wie bisher, eher war ich noch fleißiger als vorher, aber es erreichte mich innerlich nichts mehr, was mich begeisterte. Ohne Begeisterung wird alles fade und sinnlos. Genau das ist die richtige Beschreibung, ich empfand die Arbeit als sinnlos. Ob jemand diese Wohnung bekommt oder in China platzt ein Sack Reis, was für einen Unterschied macht das? Ich hatte den Sinn meiner Arbeit verloren, was für ein Unglück!

Gleichzeitig mit dem Verlust meines Lebenssinnes erwachte in mir die Sehnsucht nach Liebe, was für ein Glück!

In den nächsten zwei Jahren bestimmte die Liebessehnsucht mein Leben. Ich hatte zwar keine reale Beziehung in dieser Zeit. Genauso wenig wie in den zwei Jahren davor war es für mich gar nicht möglich, eine Beziehung zu leben. Ich war, um es deutlich zu sagen, im Mentalkörper verrückt und im Emotionalkörper gelähmt, es war mit mir im Alltag gar nicht auszuhalten. Weder meine Kinder noch meine Schwester oder gar ein Mann, der mich kaum kannte, war bereit und fähig mein Leben zu teilen. Morgens stand ich auf und fuhr zu Terminen, ohne Verstand und ohne nachzudenken. Ich machte keine Fehler während der Arbeit und hielt die Termine ein, alles irgendwie in Trance, ich wurde aus dem höchsten Willen geführt und es geschah mir nichts Schlechtes. Ich wusste am Ende einer Autofahrt oft nicht, wie die Fahrt verlaufen war.

Mein Bewusstsein war in dieser Zeit auf unterschiedlichen Ebenen unterwegs. Während der Autofahrt hatte ich Visionen, Erkenntnisse und es offenbarten sich Antworten von höchstem spirituellen Wert in mir. Wenn ich abends nach Hause kam, saß ich einfach da und tat nichts, aß nichts und trank vielleicht etwas Wein. Ich war in einem Zustand, den ich heute „entrückt" nennen möchte. Ich ließ mich bei allem führen und legte meinen individuellen Willen in dieser Zeit ab. Ich fuhr fast täglich in irgendeine Kirche oder zu einer spirituellen Stätte, um dort zu beten und um Erlösung zu bitten. Ich bat darum, dass mir meine Schöpfungsmacht zurückgegeben werden möge.

Warum ich das tat und mit welchem Hintergrund, wusste ich nicht, ich tat es einfach. Ich interessierte mich nicht mehr für meinen Alltag, trotzdem machte ich die Wohnung sauber. Ich wusch mich regelmäßig und wusch und bügelte meine Wäsche, aber alles ohne Sinn und Verstand. Mein physischer Körper war zu dieser Zeit sehr dünn, weil ich keine feste Nahrung schlucken konnte und ich kein Hungergefühl hatte. Ich aß und trank, während ich unterwegs war, automatisch, wie ferngesteuert, und am Wochenende saß ich einfach da und meditierte. Ich meditierte nicht nach vorgeschriebener Art und nach vorgeschriebener Stellung, sondern ich versank in mir und durchwanderte die unterschiedlichen Ebenen des Seins. Ich durchwanderte von der siebten Ebene aus die hohen fünf Ebenen des Allbewusstseins und reinigte meine höchsten Körper auf Lichtebene.

Ich wurde auf diese Weise vorbereitet auf die Aufnahme meines Höchsten Selbstes, wofür die Reinigung der unteren Energiekörper notwendig waren. Für diesen Prozess war das physische Alleinsein hilfreich. Besonders nachts, wenn das Tagesbewusstsein den physischen Körper verlassen hatte, konnten die Erinnerungen entfernt werden, die das Tagesbewusstsein als zu schmerzhaft empfunden hätte. Das weiß ich heute, während ich dies schreibe. Damals wusste ich nicht, was ich tat. Ich konnte auch nicht aufhören damit. Es war eine tiefe Sehnsucht, die mich trieb und die mich nirgendwo zur Ruhe kommen ließ. Ich besuchte in dieser Zeit viele Energieseminare und befasste mich mit Siddha Yoga. Ich las auch über New Age und über die Aufgestiegenen Meister, ich ließ mich in Reiki I und II einweihen, besuchte einen Ashram und begegnete Heiligen im Inneren und im Außen. Ich sah und spürte, dass diese Menschen heilig waren und fühlte mich wohl in ihrer Nähe, aber diese tiefe Sehnsucht nach Liebe erlösten sie nicht in mir.

Es gab keinen lebenden physischen Meister für mich, auch wenn besonders die Siddhalinie mich anzog und ich mehrere Veranstaltungen mit Gurumayi Chidvilasananda besuchte, der heute noch mein größter Respekt gilt. Ich verneige mich mit Liebe vor ihrer Größe. Ich begann alle möglichen heiligen Orte aufzusuchen und betete täglich mehrere Stunden. Meine physische Verfassung war schlecht, ich war ziemlich schwach, blass und blutarm, weil ich mich nicht gut versorgte. Mein physischer Körper war unwichtig für mich in dieser Zeit.

Ich hatte ebenso viele Visionen, wie ich Ängste hatte. Eine ganze Zeit lang hatte ich den Trieb, aus dem Fenster zu springen, und blieb deshalb immer in einem Abstand von zwei bis drei Metern von Fenstern entfernt. Ich hatte die verrücktesten Vorstellungen, was ich tun würde, wenn ich das Haus verließ und ging deshalb nicht aus dem Haus.

Zu meinem vierzigsten Geburtstag führte ich ein Herzöffnungsritual aus, dass mir die göttliche Mutter gegeben hatte. Ich benutzte dafür einen Rosenquarz, der sich während des Rituals entmaterialisierte, als ich in die Tiefenmeditation sank. Der Stein materialisierte sich drei Jahre später wieder und ich wusste dann, dass mein Herz endlich ganz geöffnet war. Als ich aus der Tiefenmeditation erwachte, bat ich spontan um meinen Seelenpartner, der meine Liebessehnsucht erlösen sollte.

Achtundzwanzig Tage danach begegnete mir mein heutiger Mann und ich wusste, die göttliche Mutter hatte ihn gesandt. Was für ein großes Glück!

Liebe und Vergebung

Wir begegneten uns am Karnevalssonntag in einem Abendlokal, in dem ich normalerweise nicht verkehrte, weil ich für gewöhnlich selten in einem Abendlokal anzutreffen war. Daran hatte ich seit fast vier Jahren wenig bis gar kein Interesse mehr, ich ging ein paar Mal in diesen Jahren mit Bekannten oder meinen Kindern aus. Manchmal musste ich auch aus beruflichen Gründen Veranstaltungen mit Kollegen besuchen, um meine sozialen Kontakte nicht ganz abbrechen zu lassen. Ich hatte am Silvesterabend meinen Mantel in dem Lokal vergessen, als ich mit Arbeitskollegen dort war.

Ich ging am Karnevalssonntag lediglich dort wieder hin, um endlich meinen Mantel abzuholen. Es war noch früh am Abend und der Gastwirt lud mich zu einem Getränk ein. Ich setzte mich an den Tresen und hatte mein Getränk noch nicht ganz ausgetrunken, als die Tür aufging und er hereinkam.

Er war mittelgroß, kräftig und breitschultrig mit einem hübschen kantigen Gesicht. Er hatte dichtes, dunkles gewelltes Haar mit feinen grauen Strähnen und hatte trotz des Winters eine braune frische Gesichtsfarbe. Auffällig war sein mürrischer Blick, der im krassen Gegensatz zu seinen sanften und sehr schönen grünen Augen stand. Er verhielt sich sehr selbstbewusst und unterhielt sich laut und angeregt mit seinen zwei Freunden, die ihn begleiteten. Als er sich den Weg durch das Lokal zur Theke bahnte und sich direkt mir gegenübersetzte, erinnerte er mich in seinen Bewegungen an einen Abenteurer.

Mürrisch war ich selbst an diesem Abend und ich wollte schon gehen, als der Wirt unvermittelt das Gespräch zwischen uns beiden in Gang brachte. Ach du liebe Zeit, der hatte mir gerade noch gefehlt, dachte ich nach zwei Sätzen Geplänkel und dann schrie ich ihn regelrecht an. „Sei du bloß still, wo warst du eigentlich die ganze Zeit? Du hast mich allein gelassen und jetzt kommst du so großspurig daher!“ Ich war außer Kontrolle geraten, wie so oft in den letzten Jahren. Warum ich das, und gerade zu diesem Mann gesagt habe, wusste ich damals nicht. Heute weiß ich es natürlich, aber das ist eine andere Geschichte. Nach diesem Ausbruch stand ich abrupt auf und ging in Richtung der Garderobe davon. Der Wirt mischte sich wieder ein und forderte den Mann auf, mir zu folgen und auf mich aufzupassen. Der Mann stand tatsächlich auf und blieb den ganzen Abend an meiner Seite und brachte mich zum Schluss mit einem Taxi nach Hause. Die Situation dieser Begegnung war genauso verrückt wie die letzten zwei Jahre gewesen waren und die nächsten fünf Jahre werden sollten.

Es war faszinierend, wie ähnlich wir beide uns in unserem Grundcharakter waren. Er war genauso frech bis unverschämt, selbstherrlich und besserwisserisch. Dabei zuverlässig, verantwortungsbewusst und hilfsbereit jedem gegenüber, der ihn darum bat. Dabei innerlich sehr schüchtern und zartfühlend bis sensitiv.

Er hatte eine warme, sympathische Ausstrahlung und war sehr redegewandt und interessant, wenn er gut gelaunt war. Er konnte aber auch innerhalb von Augenblicken seine Haltung völlig ändern. Dann wurde er ruppig, ablehnend und unglaublich empfindlich und konnte jedes Wort, jede Geste, ja jeden Wimpernschlag auf die Goldwaage der individuellen Wahrheit legen und darüber beleidigt sein, was man gesagt oder getan hatte. Ja, ganz offensichtlich war er mein Seelenpartner.

Da wir heute ein Ehepaar sind, kann ich nach vierzehn Jahren gemeinsamen Lebens sagen, dass er sein Herz aus Gold mittlerweile verwirklicht hat und der aufrichtigste, treueste und mutigste Mensch ist, den ich kenne, und dass er seinen besonderen Charakter behalten wird, solange er in diesem Körper lebt. Genauso wie ich meinen menschlichen Charakter behalten werde, solange dieser Körper existiert. Wenn auch dieser Charakter von meinem Ego nicht mehr benötigt wird, so bleibt er doch bestehen und kann jederzeit zur Belehrung von Menschen eingesetzt werden, wofür er geradezu perfekt konzipiert wurde.

Der Grundcharakter eines Menschen bleibt als seine Kernprogrammierung lebenslang erhalten, er ändert sich weder durch Erleuchtung noch durch Selbstverwirklichung oder durch die Vollendung zum Lichtkörper. Dies ist für einen Menschen, der sich selbstverwirklicht hat, auch gar nicht notwendig, weil dieser Mensch weiß und akzeptiert hat, dass er in der Dualität lebt und er weder das eine noch das andere ablehnt oder idealisiert. Er weiß, dass es weder gute noch schlechte Eigenschaften gibt. Alle Eigenschaften dienen dem gleichen Zweck, und zwar den Menschen wieder in sein Gleichgewicht von Frieden zu bringen. Kein Mensch, ob verhaftet oder erleuchtet, leidet wirklich unter seinem Charakter. Nein, sondern er leidet unter der Resonanz darauf, ob die anderen Menschen seinen Charakter mögen oder ihn ablehnen. Die Erlösung, das heißt die Erleuchtung liegt nicht in der Veränderung des menschlichen Charakters. Sie liegt in der Erlösung des Wunsches, irgendetwas Besonderes zu sein.

Der Mensch leidet unter seiner mangelnden Perfektion, er erträgt seinen Charakter dann nicht, wenn seine Welt nicht seinem Ideal entspricht. Jeder Mensch wird in eine Welt geboren, die für ihn die beste Lebensschule sein wird. Sein Leid entsteht erst durch die Diskrepanz der individuellen mentalen Vorstellungen von der erlebten Wirklichkeit. Ein erleuchteter Geist kann sich ohne Widerstände jeder erlebten Wirklichkeit anpassen und das Leid ist aufgehoben, weil der Emotionalkörper Wohlbefinden zurückmeldet, wodurch der Geist seine Vorstellungen anpasst und in Frieden geht. So einfach ist das!

Jeder Kampf entsteht immer dann, wenn Egowille auf Egowille trifft, das heißt, wenn eine Verhaftung im Mentalkörper auf die andere Verhaftung im Mentalkörper trifft, die beide die gemeinsam erlebte Wirklichkeit so nicht akzeptieren, sondern nach ihren unterschiedlichen Vorstellungen verändern wollen.

Genau dies geschah bei der Begegnung mit meinem Seelenpartner und setzte sich in den folgenden fünf Jahren täglich fort. Es ist nicht wahr, dass es nur einen einzigen Menschen als unseren Seelenpartner gibt. Es gibt Millionen von ihnen. In Wirklichkeit ist es jeder Mensch, der uns begegnet.

Es gibt unter all diesen Menschen zwei, die wir besonders schätzen und die immer wieder in unterschiedlichen Rollen in unserem Leben auftauchen und es gibt den einen besonderen als unser perfektes physisches Gegenstück. Wenn eine Seele sich als Individuum verwirklicht, teilt sie sich in zwölf Einzelteile, von denen vier Teile gleichzeitig aus der körperlosen Allseele heraus ein individuelles Bewusstsein und einen physischen Körper annehmen. Zwei von ihnen dienen als Spiegel für unsere mentalen und unsere emotionalen Strukturen und der „eine" als physischer Seelenzwilling entspricht spiegelverkehrt im Detail unserer Seelenstruktur.

Er ist keine Kopie und kein Ableger aus älteren oder jüngeren Generationen, nein er ist das eine Original. Dieses Original hatte ich gefunden und damit eine Verantwortung übernommen, die mir erst viel später bewusst wurde.

So gleich der Seelenzwilling im Kern seiner Persönlichkeit auch sein mag, so gegensätzlich zeigt sich dies im äußeren Verhalten, weil er ganz andere, und zwar genau die gegensätzlichen Lebensaufgaben zu bewältigen hatte. Der weibliche Teil einer Seele übernimmt die Verantwortung für die Entwicklung der mentalen Seite. Der männliche Teil einer Seele übernimmt die Verantwortung für die Entwicklung der emotionalen Seite.

Bei der letzten Begegnung müssen beide Seiten gegenseitig in das Gleichgewicht gebracht werden, wobei beide ihre unterschiedlichen Prägungen soweit einbringen können, dass beide zusammen ein perfektes Ganzes ergeben. Beide müssen dafür einen Teil ihrer alten Gedankenmuster oder ihrer alten emotionalen Strukturen verändern. In unserem Fall war meine emotionale Seite unterentwickelt und seine mentale Seite unterentwickelt. Das musste unweigerlich zu heftigen Differenzen führen, wenn das Gleichgewicht erreicht werden sollte. Das Ego rebelliert grundsätzlich gegen jede Form von Veränderung, da es die bestehenden emotionalen Strukturen und die mentalen Muster als notwendige Überlebensstrategien durch entsprechende Erfahrungen entwickeln musste.

Das Ego arbeitet mit Angst und Schmerz, um seine Strukturen und Muster zu erhalten. Das Höchste Selbst arbeitet mit der Kraft aus der Schöpfungsquelle, die Schmerz und Angst zu Liebe transformieren kann, das Ego muss gehorchen. Die Schöpfungskraft wirkt im menschlichen Körper entweder als transformierende Liebe oder auch als Zerstörungswut, wenn das Ego nicht nachgibt, weil das Herz des Menschen noch nicht ausreichend geöffnet ist.

Der Teil der Zwillingsseele, der die größere spirituelle Entwicklung erreicht hat bei der endgültigen Begegnung, muss die Verantwortung übernehmen und trägt die Belastungen für den anderen Teil so lange, bis das gleiche energetische Niveau für beide erreicht wurde.

Gut, dass ich das erst heute weiß, sonst wäre ich vielleicht mit meinem sich gerade öffnenden Herzen ängstlich davongelaufen. Entscheidend war damals, dass ich mich in absoluter Geborgenheit und Harmonie fühlte, wenn ich mit ihm zusammen war, und dass sich diese Sicherheit auch fortsetzte, wenn wir physisch getrennt voneinander waren. Ich habe nicht einen Augenblick wirklich geglaubt, dass er mich wieder allein lassen könnte. Egal wie heftig wir uns gestritten haben, und glaubt mir, wir haben uns so heftig gestritten, dass die Menschen aus unserem Umfeld geflohen sind, weil sie Angst vor der heftigen Energie hatten, die wir beide zusammen während eines Streites produzieren konnten. Wir hätten beide niemals die Kraft gehabt, uns zu trennen. Was die göttliche Quelle zusammengefügt hat, kann der menschliche Wille nicht trennen.

Die meisten Menschen sind auf der Suche nach ihrer Zwillingsseele, wenn sie meinen, dass sie ihren Seelenpartner suchen. Die Suche danach, die durch die Liebessehnsucht geschürt wird, ist keine individuelle Angelegenheit von wenigen Menschen, sondern sie gehört zur Aufgabe der Seelenfamilie, zu der alle Menschen gehören, die in dieses Zeitalter geboren wurden.

Viele Menschen verdrängen ihre Sehnsucht durch die unterschiedlichsten Methoden, die alle erst in die Sucht und dann zur Selbstzerstörung führen. Sie laufen vor der Sehnsucht nach Liebe davon und flüchten in andere Suchtstoffe, die sie erst mental und dann emotional abhängig machen und die zuletzt das ganze Körpersystem zerstören. Sie alle haben unbewusst Angst vor der Verantwortung, die sie übernehmen müssen, wenn sie sich mit ihrer Zwillingsseele verbunden haben und die letzten Stufen zur Selbstverwirklichung gehen müssen. Jeder bewusste Mensch weiß um die Abrechnung seiner Handlungen, wenn es dem Ende zugeht. Auch ich habe es gewusst und ich hatte Angst davor, was mit mir geschehen würde.

Nicht zu Unrecht, muss ich in Anbetracht der Erinnerungen an meinen langen schmerzvollen Reinigungsprozess heute sagen. Am Ende ist alles gut ausgegangen, das habe ich ebenfalls innerlich immer gewusst. Mein Selbstvertrauen wurde nie wieder erschüttert.

Nach neun Monaten verkaufte ich alles, was ich besaß, kündigte alle meine Verpflichtungen und ging mit meinem Mann in sein Haus nach Italien. Wir lebten von seinem Vermögen, das er besaß aus dem Verkauf seiner Firma, die er in Deutschland aus eigener Kraft sehr erfolgreich aufgebaut hatte. Nach der Trennung von seiner zweiten Frau, die ihn nach vierundzwanzig Jahren verlassen hatte, zog es ihn nun zurück in sein Geburtsland und ich folgte ihm ohne Erwartungen. Dieser Schritt war der vorletzte, den ich gehen musste, um meinen Lebensplan zu erfüllen. Mit dem Mut ohne eigenen Besitz und ohne Erwartung auf eine sichere Zukunft mich vertrauensvoll einem anderen Menschen anheim zu stellen, ließ ich meinen Stolz endlich los, alles aus eigener Egokraft zu schaffen.

Wir hatten natürlich Pläne bezüglich einer Tätigkeit für mich und mein Mann bemühte sich sehr, dass ich mir eine eigene finanzielle Grundlage schaffen konnte. Er stellte mir alles zur Verfügung, was ich benötigte, um einen guten Einstieg in den italienischen Immobilienmarkt zu bekommen. Ich bekam Italienisch-Einzelunterricht, er verhandelte mit Baufirmen Lizenzverträge, er richtete das notwendige Büro ein und machte mir Mut. Es fehlte allein mir der Ehrgeiz und das Durchhaltevermögen, etwas auf die Beine zu stellen.

Ich ließ mich von Augenblick zu Augenblick durch das Leben treiben und schaute nicht zurück und nicht nach vorn. Für meinen geliebten Mann war es sehr schwer, mich so leiden zu sehen und meine Ohnmacht zu ertragen.

Ich fiel von einem Extrem ins andere. Ich war in einem Moment freundlich, hilfsbereit und aufmerksam und im nächsten Augenblick gereizt, abweisend und hysterisch. Meine Gefühlsschwankungen waren fürchterlich für mich und für andere.

Meine mentale Verfassung war ähnlich schwankend, ich wurde überflutet von Erinnerungen, die ich gar nicht in diesem Leben erfahren haben konnte. Ich hatte Visionen von Engeln und Dämonen, die ganz unvermittelt meinen Geist erreichten und mich entweder in entrückte Zustände oder in ängstliche Aufruhr brachte. Ich war in dieser Zeit nicht fähig, irgendetwas Konstruktives zu tun. Ich brauchte einen festen ritualisierten Tagesablauf, um mich damit zu stabilisieren. Mein Tagesablauf war reduziert auf Putzen, Meditieren, Essenkochen, Singen, Meditieren, Singen, Meditieren. Während des Putzens und Essenkochens wiederholte ich Mantren.

Ich hatte mir eine kleine Bodenkammer ausgesucht, die ich als Meditationscave benutzen wollte. Mein Paladino strich den Raum, legte Licht hinein und tat alles, um mich glücklich zu machen. Ich wurde aber nicht glücklich, sondern wurde zusehends verrückter. Ich ging kaum aus dem Haus, ich war vor allem und jedem in Angst und Abwehr. Ich nahm alle Emotionen meines Umfeldes auf und wusste nicht, wohin mit mir und meiner Verfassung.

Als gläubiger Katholik kam mein Mann mit meinen

Angstanfällen und damit verbundenen emotionalen Ausbrüchen genauso wenig zurecht wie mit den immer wiederkehrenden Schuldzuweisungen und Anklagen an ihn, die ich aus meinem Wissen aus den alten Inkarnationen bezog, zu denen er keinen Zugang hatte. Er kam immer wieder an die Grenze seiner Belastbarkeit. Trotzdem versuchte er mir auf seine Weise zu helfen so gut er konnte. Er verstand nicht genau, was ich tat, aber er wusste, dass ich nach dem Gott in mir suchte, und dies konnte nicht falsch sein.

Eines Tages kam der katholische Pfarrer der Gemeinde wie alljährlich, um das Haus zu segnen und mein wunderbarer Mann gab ihm umgerechnet einhundert Mark, damit der Pfarrer mein Meditationscave segnen sollte. Der Pfarrer ging auch beherzt hinein, obwohl er wusste, dass ich keine Katholikin war und darin Yoga-Meditation praktizierte. Er schwang den Weihrauchkessel in der winzigen Kammer und tat sein Bestes.

Als er herauskam, musste ich bitterlich weinen vor Rührung über sein aufrichtiges Bemühen und er nahm mich in den Arm und sagte tröstend zu meinem Mann: „Ihre Frau wird gewiss das Licht Gottes sehen". Er ging sehr demütig und still davon.

Im Nachhinein waren wir über uns beide erstaunt,

was wir alles miteinander ausgehalten hatten, damit zwischen uns wieder Frieden herrschen konnte. Sobald ich mich beruhigt hatte und in eine stille, mehr depressive Phase kam, passierte irgendetwas in ihm und er begann zu schimpfen, zu toben und verlor die Kontrolle über seine Emotionen. Plötzlich fiel ihm ein, womit ich ihn die letzten Tage gequält hatte und er überschwemmte mich mit Schuldzuweisungen und Anklagen.

Es war wie ein Jo-Jo-Spiel. Sobald ich Ruhe gab, wurde ich von ihm angegriffen, sobald er Ruhe gab, griff ich ihn an. Beide hatten wir keine Kontrolle über unsere Verhaltensweisen und wir fühlten trotz allem den Schutz der göttlichen Allmutter, da es nie zu handgreiflichen Auseinandersetzungen gekommen ist oder einer von beiden physisch verletzt wurde. Eine schlimme Zeit voller Schmerzausbrüche, Schuldzuweisungen und selbstzerstörerischer Wut, die kein Ende zu nehmen schien.

Faszinierend war zu beobachten, dass wir nach jedem Streit und der darauf folgenden notwendigen Vergebung eine wachsende tiefere Liebe füreinander entwickelten. Es hat vor dieser Beziehung keinen Menschen gegeben, weder meine Eltern, Geschwister noch meine Kinder, der mich so tief verletzten konnten, und es war jedes Mal eine schwere Vergebungsarbeit für beide notwendig, um wieder miteinander in Frieden zu kommen. Die sich daraus entwickelnde Zunahme von Liebe erschien uns beiden wie ein Wunder.

Wenn wir gute Zeiten hatten, die es natürlich immer wieder zwischendurch gab, um uns zu erholen, haben wir gelacht über unsere mentalen und emotionalen Behinderungen. Wir sagten erleichtert, der eine kann sehen, der andere kann gehen, zusammen können wir alles schaffen.

Nach ungefähr einem Jahr bekamen wir Gäste aus Südamerika, mit denen wir zum Jachthafen fuhren, um ihnen etwas Interessantes zu bieten. Ich hatte die Angewohnheit, meine persönlichen Habseligkeiten, die mir noch geblieben waren, Ausweispapiere, Schmuck, eine Fotokamera und etwas Geld, in einer großen Tasche mit mir herumzuschleppen.

Dieses Mal ließ ich die Tasche im Auto und als wir zurückkamen, musste ich mit Erschrecken feststellen, dass die Autoscheibe aufgebrochen und meine Tasche gestohlen war. Ich war stumm vor Trauer, jetzt gab es nichts mehr von mir, ich hatte alles verloren.

Mehr noch traf dieses Ereignis meinen Mann, der meine Hilflosigkeit bald nicht mehr ertragen konnte. Ohne die italienische Sprache in Italien bekäme ich keine Chance auf Eigenständigkeit. Er wurde ratlos, weil ich mich regelrecht im Haus versteckte vor dem „Draußen". Er entschied für uns beide, dass wir nach Deutschland zurückgehen, dort hätte ich mehr Chancen.

Er besaß noch ein Mehrfamilienhaus in Deutschland, in dem wir eine kleine Wohnung bezogen, von wo aus wir uns neu etablieren wollten. Ich in erster Linie beruflich, wofür ich mich zunächst als Angestellte bewarb und sehr schnell feststellen musste, dass mit Anfang vierzig meine Chancen auf Festanstellung sozusagen aussichtslos waren.

Mein Mann erneuerte währenddessen einige Wohnungen in seinem Mietshaus, so hatte er eine sinnvolle Aufgabe.

Nachdem ich akzeptiert hatte, dass ich keine qualifizierte Arbeit im Angestelltenverhältnis bekommen würde, bekam ich umgehend eine freiberufliche Wiedereinstiegschance bei einem alteingesessenen örtlichen Immobilienmakler und hatte auch unmittelbar recht gute Verkaufserfolge. Es bewegten sich aber in mir keinerlei Freude oder Zukunftspläne. Ich hatte die Arbeit angenommen, um uns finanziell zu entlasten. Ich selbst hatte aber keinen Ehrgeiz mehr, etwas zu werden oder etwas zu sein. Im Gegenteil war meine Gesamtverfassung in Deutschland noch schlechter als in Italien.

Ich fühlte mich in der kleinen Wohnung bedrängt, ich war physisch ausgelaugt und erschöpft. Dadurch, dass mein physisches Lichtfeld, oder anders ausgedrückt mein physischer Bewusstseinsradius sich immer weiter ausdehnte, nahm ich die emotionalen und mentalen Unreinheiten im ganzen Haus auf. Ich hatte damals noch keine Möglichkeit, mich aktiv wieder davon zu befreien, es fehlte noch eine wichtige Entscheidung meines Mannes und meine letzte Erkenntnis über mein Selbst.

Nach nur vierzehn Monaten entschied abermals mein Mann, der sah, wie ich mich mangels Motivation mit meiner Arbeit mehr recht als schlecht durchs Leben brachte, dass wir wieder nach Italien zurückgehen. Er beauftrage mich mit dem Verkauf seines Miethauses, was ich innerhalb von sechs Wochen zu einem sehr guten Preis realisieren konnte. Nach Abzug der Hypotheken blieb gerade so viel übrig, dass wir bei sparsamer Lebensführung davon würden leben können, bis mein Mann seine Rente bekam.

Genau dies war für unsere Beziehung seine wichtigste Entscheidung, die er aus Liebe machte, obwohl er als Mann von Natur aus eine noch größere Existenzangst hatte als ich sie je gekannt habe. Er war bereit, alles mit mir zu teilen ohne Erwartung, dass sich dies jemals ändern würde. An diese seine Herzöffnung war meine eigene Herzöffnung geknüpft und unmittelbar nach seiner Liebeserklärung offenbarte sich in mir die erlösende Erkenntnis.

Es waren die Schuldgefühle, die mich zerstörten, nicht die Handlungen selbst. Aus der negativen mentalen Bewertung von Handlung entstehen die Schuldgefühle. Aus den mentalen Schuldgefühlen entsteht die emotionale Scham und diese Scham aktiviert eine neue Handlung gleicher Art. Der Wiederholungskreislauf ist geschlossen.

Würde ich mir meine Handlungen unmittelbar vergeben können und sie nicht als negativ bewerten, egal wie auch immer sie geartet waren, fehlte den Schuldgefühlen die Existenzgrundlage aus der Scham und die Wiederholung der selbstzerstörerischen Handlungen würden sich nach und nach auflösen müssen. Nachdem ich diese Erkenntnis verarbeitet hatte, begann der Erlösungsprozess in mir zu arbeiten.

Parallel zu dieser Erkenntnis, die mir eine erhebliche Bewusstseinserhöhung einbrachte, offenbarte mir die göttliche Mutter ein Einweihungsritual zur Verbindung mit meinem Höchsten Selbst, das ich noch vor unserer Abreise nach Italien durchführte.

Die göttliche Mutter begleitete mich seit dem ersten Reiki-Seminar, das ich in meinem achtunddreißigsten Lebensjahr als Ergebnis der Aussöhnung mit meiner leiblichen Mutter absolviert hatte. Die göttliche Mutter zeigte sich mir das erste Mal in einer Vision auf dem Gipfel eines Berges, wo sie mich in den Arm nahm und mich wie ein kleines Kind wiegte. Sie setzte mich in den Staub der Erde und begann mich zu unterrichten. In ihrer ersten Lektion spendete sie mir Trost über meine Enttäuschung von der Reiki-Energie. Sie sagte, ich solle einfach weitergehen und den Hinweisen, die sie sendet, weiter folgen. Sie ermunterte mich auch, das zweite Reiki-Seminar zu absolvieren, weil es meinen Emotionalkörper aufweichen würde. Es gibt keine guten oder schlechten Energiesysteme, so wie es keine guten und schlechten Meister gibt. Alles, was du brauchst, ist zur richtigen Zeit am richtigen Ort zu sein, auf die richtige Weise für dich und nur für dich!

Sie gab mir die Erklärung, dass ich erst sämtliche Körper reinigen müsse, erst danach sei ich bereit, die mir vorbestimmte Energie zu empfangen, die jedoch nicht Reiki sei. Ich suchte diese Energie in den ersten Jahren natürlich im Außen durch unterschiedliche Wege und Meister.

Ich verstand erst jetzt nach meiner bewussten Bitte um die Verbindung zu meinem Höchsten Selbst, dass diese Kraft ausschließlich in meinem Inneren zu finden ist.

Als wir im November 2001 nach Italien zurückkehrten, fing für uns beide ein neues Leben an. Auf der äußerlichen Ebene hörte ich von einem zum anderen Tag ohne eigene Anstrengung mit dem Rauchen auf. Ich nahm diese belastende Angewohnheit nicht mehr mit nach Italien. Gerade diese Zwangshandlung hatte mich viele Jahre gequält, ich hatte gerade diese dumme Sucht mit meinem Willen nicht aufgeben können.

Ich habe zwölf Jahre lang jeden Tag aufgehört zu rauchen. Manchmal schaffte ich es sogar einige Wochen, manchmal nur bis zum Abend, doch ganz klappte es nie. Jetzt war es einfach vorbei ohne jede Anstrengung.

Unsere Beziehung war von Anfang an harmonischer und im Alltag einfacher. Wir hatten im ersten Teil des Aufenthaltes alles gemeinsam gemacht und uns dadurch gegenseitig auf den Füßen und auf dem Geist gestanden. Wir waren beide keine jungen Menschen mehr und hatten unterschiedliche Angewohnheiten entwickelt, wie wir unser Leben gestalten wollten. In den allgemeinen Ansichten über Wertesysteme und Lebenseinstellungen waren wir immer einig gewesen. Streit gab es nur um Kleinigkeiten, der Hintergrund war stets eine Lächerlichkeit, die meistens mit uns beiden gar nichts zu tun hatte. Wir stritten in der Regel um Meinungsverschiedenheiten, was andere Menschen oder Situationen anging.

Der erste Streit zwischen uns entwickelte sich, als ein Sportwagen vor uns auf der Straße fuhr. Mein Mann meinte, mio dio, diese alten Angeber mit ihren Benzinfresserkisten. Ich fand, dass dieser Sportwagen ein schönes Auto sei und ich immer schon gerne damit gefahren bin. In Wirklichkeit bin ich nur zweimal mit einem Sportwagen mitgefahren und hatte weder etwas dafür noch dagegen. Ich fand seine Bemerkung einfach ungerecht gegenüber allen Sportwagenfahrern im Allgemeinen und gegen diesen Sportwagenfahrer im Besonderen und wollte ihn vor Bewertung schützen. Mein Mann fühlte sich durch meinem Widerspruch persönlich in seiner Lebenseinstellung angegriffen, ja in seiner Weltanschauung von mir verraten, und wurde verbal frech und sehr emotional. Dann könne ich ja aussteigen und bei dem Sportwagenfahrer einsteigen. Ich erwiderte, wenn er so beleidigend mit mir spräche, dann wolle ich sofort auf der Stelle aussteigen und lieber zu Fuß gehen als mich weiter beleidigen zu lassen. Paladino hielt an, ich stieg aus, dann wieder ein, und wir sprachen erst einmal nichts miteinander, wir waren beide auf das Tiefste verletzt.

An diesem Beispiel wird deutlich, dass mein Mann sich mental blockiert hatte und ich emotional eine Mimose war. Dieses kindliche Streitmuster hatte sich jetzt deutlich verbessert. Wir konnten jetzt meistens zum richtigen Zeitpunkt aus der Diskussion aussteigen und von außen die Absurdität unserer Auseinandersetzung betrachten. Das waren die ersten Ergebnisse der Bewusstseinsarbeit.

Wir veränderten beim zweiten Anlauf, unser Leben in Italien einzurichten, die Tagesstruktur. Ich übernahm die Pflege und die Verantwortung für das Haus im Inneren und mein Mann übernahm die Pflege und die Verantwortung für das Haus im Außen. Wir ließen uns die freie Entscheidung darüber, wie und wann wir unsere eigenen Aufgaben erfüllen wollten. Wir waren beide deutlich selbstsicherer und unabhängiger geworden. So hatten wir stundenweise Abstand voneinander und jeder konnte sich freier entfalten.

Ich hatte dadurch die Möglichkeit, an meiner Bewusstheit zu arbeiteten, indem ich mich, meine Gedanken und Emotionen ungestörter beobachten konnte. Ich wollte verstehen, wie es zu den selbstzerstörerischen Handlungen kommt. Wann tauchen die Schuldgefühle auf, warum schämte ich mich, in welchen Situationen kam die Wut und wann verlor ich die Kontrolle über meine Handlungen. Aus heutiger Sicht muss ich wirklich sagen, dass mein Mentalkörper ein Quälgeist gewesen ist.

Es war egal, wie sehr ich mich auch anstrengte, für die Bewertung meines menschlichen Geistes war es nie gut genug. Irgendetwas hatte ich immer getan oder nicht getan, was zu viel, zu wenig, zu schräg, zu gerade oder zu dumm gewesen war. Die Bewertungen bezogen sich immer auf mich selbst. Bei anderen war ich ausgesprochen großzügig und nachsichtig in meiner Bewertung. Dem anderen vergeben zu können hatte ich schon verwirklicht.

Mir selbst vergab ich ungern bis gar nicht gern. Ich begann wieder verstärkt zu beten, diesmal um Gnade. Ich begriff, dass es für mich als Mensch möglich war, mit dem Verstand zu erkennen oder zu verstehen, aber dass die Erlösung nur durch Gnade möglich war. Ich erkannte meine menschliche Ohnmacht und wandte mich mit meinen Gebeten an mein Höchstes Selbst über die göttliche Mutter. Dieses Verständnis über die Ohnmacht des Niederen Selbst und die Akzeptanz der Macht des Höchsten Selbst gab mir den Zugang zu meiner verlorenen Schöpfungsmacht zurück, mein Lebensplan als Mensch war erfüllt.

Ich hatte alles Wesentliche verstanden, um den Weg zur Selbstverwirklichung zu beenden.

Ich war fünfundvierzig Jahre alt, als das Licht der Gnade aus der Quelle von allem, was ist, mein Herzzentrum erreichte und aus meinem menschlichen Körper ein Werkzeug der höchsten Gnade werden sollte.

In den ersten drei Monaten war ich sehr zurückhaltend mit dem Geschenk der Gnade und ich nahm an mir die ersten Selbstbehandlungen vor, um die Kraft der Energie zu erproben. Über die Ergebnisse war ich mehr als positiv überrascht. Um mir ganz sicher zu sein, suchte ich Mutter Meera auf, um im Angesicht ihrer Heiligkeit als Avatarin die Wahrheit über mich zu sehen. Nach diesem Besuch begann ich meine Selbstbehandlungen zu intensivieren und die Erfahrungen und die Ergebnisse zu systematisieren.

Als ich in mir nach neun Monaten emotionalen und mentalen Frieden feststellen konnte und meine häufigsten physischen Symptome wie Magenbeschwerden und Migräne verschwanden, war ich mir über den Segen der Energie ganz sicher.

Die erste Versuchsperson, abgesehen von mir selbst, wurde mein Paladino, danach meine Schwester Tata und meine Tochter Decana, an denen ich mehrere Behandlungsreihen vornahm, bei ihnen allen mit sehr überzeugenden Ergebnissen.

Als ich mit meinen Erfahrungen an die Öffentlichkeit über das Internet gehen wollte, stieß ich auf heftigen Widerstand in meiner Familie und besonders bei meinem Mann.

Bis auf meine Schwester, die mir von meinen Geschwistern immer am nächsten gestanden hatte, distanzierten sich meine Geschwister von mir. Viele Bekannte und alte Freunde entfernten sich aus meinem Umfeld. Einige Familienmitglieder hielten den Kontakt wegen meines Mannes aufrecht, mieden aber den persönlichen Kontakt zu mir oder hielten Abstand, weil ich in ihnen Gefühle auslöste, mit denen sie nichts zu tun haben wollten. Diese Reaktionen nahm ich mit Bedauern zur Kenntnis. Ich kämpfte aber nicht dagegen und argumentierte auch nicht für mehr Verständnis, weil es nicht möglich ist, gegen sich selbst zu kämpfen. Ich respektierte den Rückzug und war immer wieder bereit zur Vergebung, egal wie oft, wie heftig, und vor allen Dingen wie boshaft ich in den ersten Jahren des Elph-Projectes angegriffen wurde.

Ich hatte von Anfang an keine Wahl, ich musste mein Schicksal annehmen und war mir über den Segen meiner Arbeit immer gewiss. Ich wusste, dass es Zeit, Geduld und Nachsicht benötigt, bis mich auch die Familie verstehen und meine Veränderung akzeptieren würde.

Schmerzlich war für mich die erste Reaktion meines Mannes, der überhaupt nichts davon wissen wollte, dass ich diese Art von Arbeit leisten wollte. Er glaubte an meine Aufrichtigkeit und das, was ich tat, aber er wollte auf keinen Fall, dass ich mich öffentlich angreifbar mache. Er hatte keine Angst um sich oder sein Ansehen, sondern er hatte Angst vor den Folgen für mich, wenn ich mich mit der Herzenergie in der Öffentlichkeit präsentieren wollte.

Bei dieser Haltung blieb er und ließ auch nicht mit sich reden, bis wir etwa neun Monate nach meiner Initiation nach Salerno zu Verwandten fuhren, um mit ihnen Ostern zu feiern.

Während dieser Reise machte ich zwei bedeutende Erfahrungen, die meinen zukünftigen Weg und unser gemeinsames Leben bestimmen sollten. Die erste Erfahrung machte ich in Paestum, einer alten griechischen Siedlung aus vorchristlicher Zeit. Während wir über das Gelände gingen, erschienen in meinen Geist Bilder und Emotionen von dem Leben dort. Die Ruinen nahmen Formen und Farben an, in den Straßen sah ich Menschen. Ich schaute in die Vergangenheit. Völlig undramatisch beobachtete ich den inneren Film, bis wir zu einer Ruine kamen, die aussah, als sei sie ein Schwimmbecken gewesen.

Von einem zum anderen Augenblick hatte ich einen Erstickungsanfall, der mich in Angst und Schrecken versetzte. Ich hatte das Gefühl zu ertrinken und fühlte den Trieb, um mich zu schlagen. Ich sah innerlich, wie ich von einem Sprungbrett in das Schwimmbecken sprang und tief in das Wasser eintauchte. Beim Eintauchen verletzte ich mich an einem vorspringenden Stein am Kopf. Es schmerzte, doch ich ignorierte den Schmerz, ich wollte siegen. Die Aufgabe bestand darin, in der schnellsten Zeit durch ein Labyrinth zu tauchen, das mir bekannt war. Durch den Blutverlust der Kopfverletzung, die ich aus Eifer, der erste sein zu wollen, ignoriert hatte, wurde ich bewusstlos und ertrank.

Ich beruhigte mich erst wieder, als wir außerhalb der Ruinen waren und ich mit Erstaunen ein Bild in den Verkaufsständen sah, auf dem ein junger Mensch in ein Becken springt. Genau dieses Bild hatte ich gesehen. Es zeigt das Abbild einer Grabplatte mit dem Titel „Das Grab des Tauchers". Wir haben uns einen Abdruck dieses Bildes gekauft, um diesen Tag nicht zu vergessen.

Durch die Erfahrung, am Ehrgeiz gestorben zu sein und den eigenen Todeskampf erlebt zu haben, trat ich ein in den globalen karmischen Speicher. Es war der Beginn meiner Karma-Schulung. Die dabei gemachten Selbsterfahrungen im Laufe der nächsten drei Jahre bildeten die Grundlagen für mein erstes Buch und die Elph-Therapie als Karma-Erlösung.

Am nächsten Tag fuhren wir nach Pompeji, nicht um die Ruinen zu sehen, sondern um in der Energie der Madonna von Pompeji zu sein, für die mein Mann eine besondere Hochachtung hatte. Die Madonna von Pompeji hatte seiner Schwester als junge Frau einen großen Wunsch erfüllt, was sie stark berührt hatte. In dieser Kirche hatte ich meine tiefste und wichtigste persönliche Erfahrung mit der göttlichen Allmutter. Dass diese Erfahrung in einer Kirche stattfand, überzeugte meinen Mann von der Reinheit und der Notwendigkeit meiner Arbeit in der Öffentlichkeit.

Er hat mich von diesem Zeitpunkt an in jeder Weise unterstützt und alles getan, um meinen Weg leichter zu machen.

Mich überkam ein Gefühl von allumfassender Liebe, als ich an diesem Tag in den Tempel der göttlichen Mutter kam. Diese Liebe glich dem Glücksgefühl, das ich vor Jahren schon einmal für kurze Zeit gehabt hatte. Jetzt kam solch eine tiefe Wärme und Geborgenheit dazu, dass ich laut weinen musste. Ich konnte nicht an mich halten vor Glücksgefühl. Die Tränen liefen und liefen, mit jedem Schluchzer wurde das Glücksgefühl größer. Ich konnte mich gar nicht beruhigen, mein Körper bebte und mein Weinen wurde durchdringender. Es dauerte ganz bestimmt eine halbe Stunde, bis mein Weinen immer stiller wurde.

Während im Außen meine tiefe Berührtheit zu sehen war, glich meine innerliche Verfassung dem Zustand von Glückseligkeit. Mein Bewusstsein befand sich während dieser Zeit im Garten der Träume und ich lag zu Füßen meiner göttlichen Mutter, die mir zärtlich über das Haar strich und sagte, du bist so weit, ich gebe dir alles, was du brauchst, um deinen Auftrag zu erfüllen. Ich gebe dir die Kraft und den Schutz von Jesus Christus. In diesem Moment sah ich Jesus, er lächelte mich an und breitete seine Arme aus. Er stellte sich hinter mich, er umarmte mich von hinten und ging einfach in mich ein. Er verschmolz mit mir in meinem physischen Körper und aktivierte damit in mir das Christusbewusstsein. Die Mutter gab mir ihren Segen und sprach. Werde ein Tempel für mich und meine vergebende Liebe. Dann wurde alles still in mir und mein innerer Frieden wurde zu innerer tiefer Liebe.

Diese tiefe stille Liebe hat mich nie wieder verlassen. Egal was im Außen in den letzten Jahren geschehen ist. Egal wie viele Dämonen, Engel, Götter und Menschen mich angegriffen haben, in diese tiefe vergebende Liebe konnte ich immer zurückkehren. Es ist ein Ort ohne Bewertung, ohne Angst, ohne Wünsche, ohne Vergangenheit, ohne Zukunft. Ein Ort der allumfassenden Liebe außerhalb von menschlichen Gedanken und Gefühlen.

Das empfangene Christusbewusstsein war nicht einfach so da, sondern musste sich erst in meinem vorhandenen Bewusstsein durch einen Integrationsprozess voll entfalten. Die Integration des Christusbewusstseins dauerte in etwa achtzehn Monate und bescherte mir eine weitere Phase von Schmerz und Leid durch das Verarbeiten der Erinnerungen von Jesus und seinem Leben. Aus diesen Erfahrungen heraus entstand in mir ein tiefes Verständnis über das Vergebungsprinzip und die Schöpfungsgesetze.

Ich habe an einer anderen Stelle darüber geschrieben, dass ich die karmischen Belastungen meiner Abstammungslinie verarbeiten musste, um sie auf ein energetisch höheres Niveau zu bringen. Zu dieser Abstammungslinie gehörten auch der Mensch Jesus von Nazareth, der als Jesus Christus in Erinnerung geblieben ist, und Maria von Magdalena, seine spirituelle Gefährtin, die als „Hure" bezeichnet wurde. Ein gleichermaßen wertvolles wie schmerzhaftes Erbe für mich und damit auch für meinen Gefährten Paladino, denn in beiden von uns lebt das genetische Erbe der Maria von Magdalena und des Jesus von Nazareth.

Um den Ursprung von Religion als „Rückverbindung zur Schöpfungsquelle“ besser verstehen zu können, muss ich mit meinen Schilderungen weit in die Vergangenheit zurückgehen.

Vor ungefähr siebenundzwanzigtausend Jahren gelang es einer kleinen Gruppe von Nephelim, einigen weiblichen und einigen männlichen, sich dem Vernichtungszorn des göttlichen Allvaters zu entziehen. Sie flüchteten bis in das Himalayagebirge auf die höchsten Gipfel und konnten sich so vor der großen Sintflut retten. Diese Nephelim wurden die Begründer aller Religionen.

Nach einer Weile begannen die überlebenden Nephelim Rituale zu entwickeln, um Kontakt mit ihrem Höchsten Selbst aus der Schöpfungsquelle aufzunehmen. Sie baten um Hilfe, ihr göttlicher Seelenanteil wollte nach Hause zurückkommen und sie fanden keinen Ausweg, weil der göttliche Allvater den Weg zwischen Himmel und Erde zerstört hatte.

Die Hilfe kam durch die göttliche Mutter, die aus barmherziger, vergebender Liebe alle ihre Kinder retten wollte. Sie antwortete in der Sprache ihres Herzens mit Formen (Symbole), Farben und Klänge. Die durchgeführten Rituale in Verbindung mit diesen Formen (Symbolen), Farben und Klängen wurde von den Nephelim verstanden, weil sie teils menschlichen und teils göttlichen Ursprungs waren. Sie waren die Nachkommen aus der Vereinigung von Elohim und Menschen.

Die Nephelim hatten eine lange Lebensdauer, viel länger als jeder Mensch, und sie hatten während dieser langen Lebenszeit viele Nachkommen gezeugt, die aber alle diese göttliche Sprache nicht mehr verstanden. Als die Nephelim merkten, dass sie nun den letzten Heimweg antreten mussten, gaben sie ihr Wissen an ihre Nachkommen weiter und beauftragten sie, dieses Wissen über die ganze Welt zu verteilen. Sie nannten diesen Weg den Diamantweg zur Himmelfahrt, weil das Tor zum Himmel nur mit dem reinen Lichtkörper durchschritten werden kann.

Nach zehntausend Jahren, also vor etwa siebzehntausend Jahren hatte sich das Wasser aus den Gebirgen so weit zurückgezogen, dass die Menschen wieder an andere Orte reisen konnten. Zu dieser Zeit gab es sieben eingeweihte Lehrer dieses Diamantweges, vier Männer und drei Frauen, die gemeinsam beschlossen, den Auftrag der Nephelim zu erfüllen, diesen Schatz der Erlösung mit allen Menschen zu teilen. Die vier Männer waren ein Gelehrter, ein Kämpfer, ein Künstler und ein Heiler. Die drei Frauen waren eine Herrscherin, eine Priesterin und eine Prinzessin.

Der Gelehrte blieb in der Himalayaregion, er war der Begründer der Bön-Religion, die bis heute existiert, leider nicht mehr in der Originalform. Der Gelehrte fügte durch seinen Hang zum Zweifel, ob er auch alles noch richtig in Erinnerung hatte, eine Vielzahl von weiteren Ritualen und Erklärungen hinzu, was die Kraft des Weges im Laufe der Zeit deutlich schwächte.

Der Kämpfer ging nach Südamerika und war der Urvater der Azteken, Inkas und Mayas. Er hinterließ Fragmente seines Wissens, die im Mayakalender bis heute erhalten sind. Er verlor den Zugang zur Quelle seiner Kraft auf seinen Reisen, weil er sich in den Traum der Welt verführen ließ durch seinen Stolz, den anderen überlegen zu sein, und konnte deshalb den Kern der Ursprungslehre, das Mitgefühl und die Vergebung nicht ausreichend genug hinterlassen.

Der Heiler reiste nach Afrika und später weiter nach Nordamerika. Sein Wissen um die Naturelemente mit ihren Kräften ist bis heute in schamanischen Praktiken der Indianer und der afrikanischen Ureinwohner lebendig geblieben. Leider ist im Laufe der Jahrtausende die Angst vor der dunklen Seite dieser Macht zu groß geworden und die erlösende Kraft der Liebe hat an Bedeutung verloren.

Der Künstler ging nach Indien und begründete den

Hinduismus. Er schilderte die Ursprungslehre durch seinen künstlerischen Geist in schönen Geschichten und phantastischen Mythen, sodass am Ende ein großartiger Göttermythos entstanden ist. Der Ursprungssinn ging in diesen vielen Geschichten verloren und die wichtigsten Karmagesetze gerieten weitgehend in Vergessenheit.

Die Prinzessin reiste nach Europa und hinterließ die Mythologie der Götterwelt vom Olymp, die sich später in den germanischen, griechischen und römischen Mythologien fortsetzte, die heute keine Bedeutung mehr haben, weil sie vom Christentum abgelöst wurden.

Die Herrscherin reiste erst nach Afrika und dann nach Sumer, wo sie einen Priesterstaat gründete, aus dem später Babylon entstand. Ein wichtiger Teil der Lehren ist durch Abraham in den hebräischen Schriften heute noch lebendig.

Die Priesterin reiste erst nach Griechenland und dann nach Ägypten, wo sie das Wissen über die Neunerschaft der Schöpfergötter lebendig hielt und einen Weg, sie zu erreichen, hinterließ. Dieses Wissen wurde am längsten im Isiskult bewahrt.

Den Zugang zu den Ritualen der Isis fand Jesus als Knabe, als er nach der Flucht vor Herodes in Ägypten lebte und dort Maria aus Magdalena kennenlernte, die sich bei ägyptischen Verwandten aufhielt und Zugang hatte zu der umfangreichen Bibliothek ihres Onkels, der ein reicher Kaufmann war.

Jesus und Maria Magdalena waren gleichaltrig, sie waren beide elf Jahre alt, als sie sich zum ersten Male trafen. Maria Magdalena brachte Jesus das Lesen bei und nahm zu Übungszwecken ein Buch über die Liebesrituale der Isis, das sie beide, weil es verboten war, besonders faszinierte.

Die Eltern von Maria blieben fast ein Jahr in Ägypten, ihr Vater war der reiche Statthalter von Magdalena, der gekommen war, um sichere Handelswege von Ägypten nach Judäa aufzubauen. Jesus lebte seit seiner Kindheit hier, sein Vater war Zimmermann im Dorf der Verwandten von Maria. Bevor die beiden sich trennten, weil Maria mit ihren Eltern zurück nach Magdalena fuhr, führten sie das Liebesritual der Isis durch. Die beiden verband damit die eine tiefe unsterbliche Liebe, weshalb sie beide das Licht des Herzens nach achtzehn Jahren getrennt voneinander empfingen, als sie sich gar nicht mehr an das durchgeführte Ritual erinnern konnten.

Sie konnten das Licht des Herzens empfangen, weil ihre Motive rein und unschuldig gewesen waren. Sie waren jetzt beide siebenundzwanzig Jahre alt und hatten sich seit achtzehn Jahren nicht gesehen. Jesus war Jude und lebte mit seiner Familie in Nazareth. Maria war griechischer Abstammung mit römischen Bürgerrechten und lebte mit ihrer Familie in Magdalena.

Jesus hatte mit seinen Eltern kurz nach der Abreise von Maria ebenfalls Ägypten verlassen. Sie waren zuerst nach Jerusalem gereist, um im Tempel zu ihrem Gott zu beten, der ihnen Schutz und Segen für ihre Rückkehr nach Israel geben sollte. Sie ließen sich dann in Nazareth nieder und Jesus wurde erst Zimmermann wie sein Stiefvater Joseph, später spezialisierte er sich auf den Wagenbau. Da er lesen und schreiben konnte, verstand er die Konstruktionspläne der Römer und wurde ein solider Handwerker mit künstlerischen Akzenten. Er heiratete mit Anfang zwanzig die Tochter eines Freundes seines Stiefvaters. Die Ehe war von den beiden Eltern arrangiert, wie es damals üblich war, es war keine Liebesbeziehung. Seine Frau starb nach zwei Jahren Ehe im ersten Kindbett, ebenso das Kind. Er fühlte sich danach unwohl als Witwer in der Dorfgemeinschaft, denn er legte keinen Wert auf eine neue Ehe, die man ihm schon kurze Zeit nach dem Tod seiner Frau aufdrängte.

Er verließ seine Heimatstadt, wanderte durch das ganze Land und arbeitete überall dort, wo er gerade Arbeit finden konnte. Während dieser Wanderungen begann seine innere Reise zu sich selbst. Kurz vor seinem achtundzwanzigsten Geburtstag kam er nach Magdalena zum Hof von Marias Vater. Sein Höchstes Selbst hatte ihn zu Maria zurückgebracht.

Maria war unverheiratet und führte das Leben einer Jungfer. Sie lebte immer noch im Haushalt des Vaters und unterrichtete die Kinder ihrer älteren Brüder. Ihren Brüdern war das recht, so konnten sie das Erbe von Maria für ihre Kinder bewahren. Sie drängten Maria nicht zur Ehe, obwohl sie für damalige Verhältnisse als sehr spätes Mädchen galt. Marias Vater war alt und liebte seine Tochter sehr, sodass er sie zu nichts zwang, sie hatte genug eigenes Vermögen, sie benötigte keine Ehe zur Versorgung.

Plötzlich begegneten sich Maria und Jesus nach fast neunzehn Jahren wieder. Die Liebe, die sie damals schon füreinander fühlten, hatte sich noch vertieft und es war keine Frage, dass sie sich niemals mehr freiwillig voneinander trennen würden. Es gab für sie leider zwei fast unüberwindliche Hürden, die zwischen ihnen standen. Sie gehörten nicht der gleichen Religion an, Jesus war Jude und Maria war Griechin. Sie gehörten nicht der gleichen Gesellschaftklasse an, Jesus war Handwerker und Maria war adelig.

Sie kamen dennoch zusammen, weil es ihre Bestimmung war. Ihr Fürsprecher und Mäzen war Marias Onkel aus Ägypten, der beide kannte und zwischen ihnen und Marias Vater vermittelte. Sie heirateten nach römischem Recht und der Vater von Maria schenkte ihnen ein Haus in Ephesos. Er sicherte ihnen eine monatliche Rente aus dem Erbe von Maria zu, sodass sie unbesorgt leben konnten. Die beiden zogen voller Glück und Liebe nach Ephesos und lebten dort vier Jahre in Frieden. Sie bekamen zwei Söhne und führten ein beschauliches einfaches Leben. Sie nahmen das Studium der alten Schriften wieder auf, für die sich beide sehr interessierten. Sie saßen stundenlang auf der Terrasse im Innenhof und diskutierten über den Sinn und Unsinn des Lebens. Es hätte noch lange so weitergehen können, wenn sie nicht einem anderen Schicksal hätten folgen müssen.

Im fünften Jahr ihrer Ehe starb Marias Vater. Sie fuhren zur Beisetzung nach Magdalena und dort kam es zum Eklat mit ihren Brüdern. Marias Familie ließ die Ehe von Jesus und Magdalena annullieren, damit ihre gemeinsamen Kinder keinen Erbanspruch an die Familie von Maria geltend machen konnten, und verwiesen Maria für immer ihres Elternhauses wegen der Beziehung zu einem Juden. Sie fuhren nach Ephesos zurück, verkauften das Haus, das ein Geschenk gewesen war, und fuhren mit ihren Habseligkeiten und etwas Vermögen nach Nazareth zu Jesus Familie. Dort erging es ihnen nicht besser. Maria und ihre Kinder wurden wie Aussätzige behandelt, ihre Ehe hatte auch hier keine Gültigkeit. Die Kinder waren nach jüdischem Recht Bastarde und Maria eine Hure.

Sie erwarben eine einfache Hütte am Rand des Dorfes, Jesus verließ für einige Zeit seine Frau und seine Kinder und ging in die Wüste um zu beten, zu fasten und zu sich zu finden auf den richtigen Weg.

Als Jesus nach vierzig Tagen zurückkam, war er durchdrungen von der Liebe und vom Licht Gottes. Es war der Beginn seines Weges als Messias, was auch Erneuerer heißt. Er war nicht bereit, sich den dogmatischen Gesetzen irgendwelcher Religionen unterzuordnen, und wollte ein gewaltloser Revolutionär, ein Reformer des Glaubens sein, der die Herzqualitäten des Menschen zum Leben erwecken wollte. Seine Absichten waren in jedem Augenblick absolut rein, weshalb er persönlich kein Karma hinterlassen hat.

Wenn auch manche seiner Entscheidungen nicht unbedingt weitsichtig waren, so hat er später alles für sich persönlich ausgleichen können und seine Seele konnte in den siebten Himmel gelangen. Nicht aber die Seelen seiner Frau, seiner Kinder und seiner Jünger.

Wie und warum die Frau, die Kinder und die Jünger Karma auf sich geladen haben, beschreibt die nachfolgende Geschichte.

Diese Geschichte beginnt am Vorabend des Passafestes und betrifft die Jünger im Allgemeinen und Johannes, Petrus, Jakobus und Judas im Besonderen. Einige der Jünger hatten Jesus schon längere Zeit mit ihren Forderungen nach Gewalt und Aktion bedrängt, weil ihnen die sanfte Revolution nicht schnell genug voranging. Besonders Petrus und Jakobus waren die Wortführer von Gewalt. Johannes und Judas waren die Wortführer dagegen. Es gab auf jeden Fall viele Diskussionen zwischen den Jüngern über die beste Vorgehensweise. Es fiel den ersten Jüngern schwer, Jesus in allem bedingungslos als Meister zu folgen, weil sie ihn noch als Freund und Vertrauten kannten, bevor er das Licht der Liebe empfangen hatte. Jesus wollte ihnen eine Belehrung zur Läuterung erteilen und vertraute seinen Jüngern dabei zu sehr, um nur einen Augenblick an ein Scheitern zu denken.

Der Plan war, dass Judas ihn bei den Pharisäern verraten sollte, damit Jesus verhaftet würde und die Gelegenheit erhalten könnte, eine öffentliche Verhandlung über seine Thesen zu bekommen. Je mehr öffentliches Interesse, umso schneller konnten die Lehren verbreitet werden. Jesus wusste, dass nach jüdischem Recht eine Anklage nicht zur Verurteilung führte, wenn drei gerechte Menschen, die Männer und Juden waren, für einen Angeklagten gut sprechen würden. Dies sollte die Aufgabe von Petrus, Johannes und Jakobus sein. Im entscheidenden Augenblick sollten diese drei aufstehen und für Jesus zeugen.

Judas ging und verriet Jesus wie abgesprochen, die Häscher der Pharisäer kamen in den Garten Gethsemane, verhafteten Jesus und brachten ihn in den Tempel. Jetzt folgte aber keine Anhörung, wie es die Regel hätte sein müssen, denn der Hohepriester Kaiphas wollte auf keinen Fall, dass Jesus die Möglichkeit bekommen sollte zu sprechen und sich öffentlich darzustellen.

Jesus wurde ohne Anhörung unter Ausschluss der Öffentlichkeit brutal zusammengeschlagen, um ihn mundtot zu machen. Als die Tore des Tempels für die Massen geöffnet wurden, lag Jesus nackt wie ein Häuflein Elend blutüberströmt und im eigenen Schmutz, gekrümmt vor Schmerzen. Niemand erkannte in diesem Augenblick den charismatischen Sohn Gottes in ihm, sondern dieser Anblick löste in den Herzen seiner Jünger Todesangst aus. Als Kaiphas dann fragte, wer will für diesen Mann zeugen, standen weder Petrus, Jakobus, noch Johannes auf, sie hatten keinen Mut, im Gegenteil, sie liefen angstvoll weg. Die Frauen jammerten und wollten sprechen, doch Frauen hatten im jüdischen Tempel dazu kein Recht. Auch Kaiphas hatte keinen Mut, Jesus nach jüdischem Recht zu verurteilen, und brachte ihn dafür zu Pontius Pilatus.

Im Angesicht von Pontius Pilatus, der ihn gar nicht verurteilen wollte, der ihn dreimal aufforderte zu widerrufen, hätte Jesus endlich leugnen müssen, wenn er zu dem Zeitpunkt tatsächlich als Sohn Gottes vollendet gewesen wäre.

Er hatte seinen Jüngern eine große Belehrung erteilt, hätte nun seinen Stolz überwinden müssen und nicht so weit gehen dürfen, sich wirklich ans Kreuz nageln zu lassen. Er war in reiner Absicht, dass dies richtig sei, denn er fühlte sich schuldig, dass sein Plan nicht gelungen war und brachte es nicht über sich, als Versager oder gar Lügner dazustehen. Er wollte lieber vor Schmerzen sterben, ja er wollte büßen.

Das ist aus meiner ganzheitlichen Sicht nicht die Handlungsweise eines vollendeten Menschen. Am Ende der Selbstverwirklichung gibt es keine Bewertung, schon gar nicht seiner Selbst. Da es keine Bewertung gibt, kann es auch keine Scham und keine

Schuld geben. Im Angesicht der höchsten Wahrheit gibt es kein Versagen, keine Schuldigen, keine Büßer, und schon gar keine Erlösung durch Schmerz. Was soll das für ein Gott sein, der dies von seinem Sohn fordert, ganz bestimmt nicht der Gott oder die Göttin der allumfassenden Liebe. Nein, an dieser Stelle hat sein Ego-Stolz aus dem Ehrgeiz gewirkt und nicht die demütige Liebe dem Höchsten gegenüber.

Ich weiß, dass dies die letzte Prüfung für Jesus war, er sollte gedemütigt, nackt und bloß aus der Stadt gejagt werden, um den Stolz seines Egos zu verlieren. Danach erst wäre er als menschliches Gefäß rein genug gewesen, um die vergebende allumfassende Liebe zu empfangen.

Sein Stolz siegte und es nahm weiter seinen traurigen Lauf, denn er wurde wirklich gekreuzigt. Die göttliche Allmutter hat geweint und der göttliche Allvater war betroffen. Die göttliche Mutter gab Maria Magdalena die Inspiration, wie sie Jesus von den größten Schmerzen erlösen konnte. Die Frauen bestachen die Wachen und tränkten einen Schwamm mit bitterem Gift, was einen Herzstillstand und eine Blutgerinnung vortäuschte. Diesen Schwamm gaben die Wachen im Auftrag der Frauen Jesus am Kreuze und er trank davon.

Es dauerte in der Regel viele Tage, bis ein Gekreuzigter starb und es war eine der qualvollsten Todesarten, die sich Menschen erdacht haben.

Nach einigen Stunden wirkte Jesus wie tot und es waren wieder die Frauen, die dieses Mal die Nachtwachen bestachen, damit sie Jesus vom Kreuz nahmen. Einer der Wächter war misstrauisch und stach Jesus in die Seite, um zu prüfen, ob Blut floss. Diese Wunde schloss sich nie wieder richtig. Sie heilte oberflächlich, doch schmerzte sie sein Leben lang.

Jesus überlebte die Kreuzigung, er war wahrhaftig als Mensch geläutert und erhielt seinen Lichtkörper. Er verließ Judäa, um seiner Familie und seinen Jüngern keinen weiteren Schaden zuzufügen. Er ging zuerst mit seinen engsten Jüngern und seiner Familie nach Süditalien, wo er fast drei Jahre mit ihnen verbrachte. Dann verließ er alle vertrauten Menschen und wanderte allein durch die Welt bis zum Ursprung in das Himalayagebirge, wo er sich schließlich in Indien niederließ. In Indien lebte er noch fünfzig Jahre, hatte viele Schüler und hinterließ die Linie der Siddha mit der Fähigkeit, die Leiden der Menschen über den eigenen Körper zu erlösen. Er ist als Babaji in seinem Lichtkörper bis heute aktiv.

Nach Italien ging er, um seine Frau und seine Kinder in Sicherheit zu bringen. Dabei half ihm Joseph von

Arimathia, der Jesus und Maria sehr liebte. Joseph von Arimathia blieb bei Maria Magdalena, die in Italien das dritte Kind von Jesus bekam, es war eine Tochter. Maria Magdalena hat Jesus die Kreuzigung bis zu ihrem Lebensende nicht vergeben, sie starb traumatisiert. Ihre Tochter blieb in Süditalien. Der älteste Sohn ging nach Frankreich, der jüngste Sohn erst nach Rom, später als römischer Söldner nach Germanien, wo er dann blieb.

Alle Kinder lehnten ihren Vater innerlich ab, weil sie durch das erlebte Leiden der Mutter, welches sie mit dem Verhalten des Vaters in Verbindung brachten, gar nicht anders konnten. Die Nachkommen der drei Kinder aus der Verbindung von Jesus und Maria verteilten sich von Europa aus über die ganze Welt. Heute gibt es weltweit mehrere Millionen Menschen, die zu dieser Abstammungslinie gehören und diese karmischen Belastungen in sich tragen, die meisten davon in Europa.

Nimmt man dazu die Abstammungslinien der ersten zwölf Jünger Jesu, die ebenfalls Kinder hinterlassen haben, ergibt dies die Hälfte der Summe an Menschen, die sich heute für Spiritualität interessieren. Die karmische Belastung, die sie alle gemeinsam tragen, ist unter anderem die Angst vor öffentlicher Anklage, vor genereller Versagensangst, sind Schuldgefühle und Scham durch verletzten Stolz und daraus resultierend die Existenzangst. Um diesen Ängsten mit dem Willen entgegenzuwirken entwickelte sich der EHRGEIZ.

Die christliche Religion basiert zum größten Teil auf den späteren Aussagen der Jünger über Jesus, die in der Bibel im Neuen Testament zusammengefasst wurden. Der Großteil dieser späteren Beschreibungen der Wunder von Jesus sind aus Schuldgefühlen der Jünger entstanden. Sie wollten Jesus auf diese Weise öffentlich rehabilitieren und erreichten genau das Gegenteil. Durch die idealisierte Darstellung der Kreuzigung als bewusstes und notwendiges Instrument von Jesus Christus zur Erlösung der Sünden aller Menschen haben sie ihre Kirche auf die vier Säulen von Schmerzen, Märtyrertum, Sünde und Buße gebaut. Dies war und ist nicht mit der eigentlichen Lehre von Jesus Christus zu vereinbaren, der das Mitgefühl und die vergebende Liebe predigte. Seine Ursprungslehre kann in einem Satz zusammengefasst werden mit:

„Liebe Deinen Nächsten wie Dich Selbst."

Ein Mensch, der sich liebt, der achtet und respektiert in erster Linie auch seinen menschlichen Körper und martert und zerstört ihn nicht, um zu beweisen, dass er seinen Geist über den Körper erhoben hat.

Vollendung bedeutet die Verschmelzung von Körper, Geist und Seele zur Einheit.

Licht und Schatten

Der seit Anfang der Achtziger Jahre laufende globale Bewusstwerdungsprozess betrifft nicht einzelne Menschen, er betrifft alle Menschen. Differenzierungen gibt es in der Verantwortung der Verursacher, die diesen globalen Prozess überhaupt notwendig gemacht haben. Von dieser Verantwortung sind insbesondere die Nachkommen von Jesus Christus und seinen engsten Jüngern sowie die Nachkommen von Gautama Siddhartha Buddha deshalb betroffen, weil sie sich physisch fortgepflanzt haben. Alle Menschen, die sich heute für Spiritualität interessieren, entstammen entweder den Familien von Gautama Siddhartha und seinen Schülern oder denen von Jesus Christus und seinen Jüngern.

Diese beiden Linien bestimmen die Zeit und das Maß dafür, bis sich die Erde und die auf und von ihr lebenden Menschen rehabilitiert haben. Wann, wie und in welchem Ausmaß, werde ich später berichten. Die anderen drei zur Zeit noch bedeutenden Religionen wie der Islam, der jüdische Glauben und der Hinduismus haben kein physisches Karma hinterlassen. Die direkte Linie von Abraham ist ausgestorben, Mohammed hat keine Kinder gezeugt und die hinduistischen Götter haben ebenfalls keine menschlichen Spuren hinterlassen. Diese drei Linien sind mentaler und emotionaler Art, die direkt aus der Schöpfungsquelle rehabilitiert werden können.

Ab Ostern 2004, also fast zwei Jahre nach meiner Herzöffnung, kamen die ersten Klienten zu mir, die über Verwandte und Bekannte von mir gehört hatten. Von einer Klientin möchte ich berichten, weil ihre Begleitung zu meinem Selbstverständnis über den wahren Sinn meiner Arbeit geführt hat. Ich erzähle hier von einer ausgesprochen willensstarken Frau Anfang fünfzig, die vor mehreren Jahren an Krebs erkrankt war, zweimal das Trauma einer erfolglosen Operation erlebt hatte und seit mehreren Monaten mit einem Heiler arbeitete, der ihre Selbstheilungskräfte aktivieren wollte. Sie war aus der Sicht der Ärzte nicht zu heilen.

Die Frau empfand die Behandlungen durch ihren Heiler als sehr angenehm und wohltuend. Sie suchte nach keinem spirituellen Weg, fragte ihren Heiler aber danach, was er über mich dachte. Der Heiler war verantwortungsbewusst und empfahl ihr, zu mir zu gehen, weil er ihr Energiefeld nicht genügend in Schwingung bringen konnte.

Sie kam nach Italien für ein Transformationswochenende von drei Tagen. Ich behandelte sie fünfmal in dieser Zeit und aktivierte ihre Herzenergie. Sie selbst empfand zunächst wenig Unterschied zwischen der Energie ihres Heilers und mir, sie fühlte sich aber nach sehr kurzer Zeit in meiner Gegenwart angstfrei und geborgen. Das Wahrnehmen eines Lichtfeldes ist abhängig vom Zustand des Emotionalkörpers des zu Behandelnden. Ich habe alle Phänomene im Laufe der letzten neun Jahre erlebt. Von einfachem Wohlbehagen bis hin zu ekstatischen Zuständen und Visionen von Licht und Liebe. Das individuelle Empfinden meiner Herzenergie hat nichts mit der Wirkung zu tun, die ist immer gleich. Als erstes entlaste ich ein schweres Herz. Auch diese Klientin fuhr leichten Herzens davon.

Nur zwei Tage später rief sie mich begeistert an und berichtete mir, dass ihr Heiler davon beeindruckt war, wie positiv sich ihr Energiefeld verändert hatte.

Der Heiler arbeitet auf seine Weise weiter mit ihr und ihre Lebenskraft fiel wieder ab. Nach vier Wochen fühlte sie sich schlapp und müde. Der Heiler empfahl ihr, nochmals zu mir zu fahren, er wollte die Verantwortung für ihren Prozess nicht weiter übernehmen. Sie kam wieder, dieses Mal für eine längere Zeit. Ich behandelte sie täglich und machte mit ihr Spaziergänge am Strand und führte lange Gespräche mit ihr. Sie fühlte sich nach einem Tag schon sehr wohl und genoss die Zeit mit mir und auch mit meinem Mann, der sie ebenfalls auf seine praktische Art und Weise betreute. Sie fuhr in bester Verfassung zurück nach Hause. Sie ließ sich ärztlich untersuchen und die physischen Werte waren verbessert. Nach einigen Wochen wurde ihre Verfassung wieder schlechter und sie ließ sich nochmals untersuchen, die Werte waren schlechter geworden.

Sie wollte wiederkommen, diesmal für mindestens drei Monate. Wir richteten ihr eine kleine Wohnung in Paladinos Haus her und sie zog dort ein. Rechtzeitig war die langjährige Mieterin ausgezogen und diese Wohnung war für sie verfügbar.

Ihr Mann und ihre Kinder besuchten sie zwischendurch und sie bekam täglich eine Behandlung von mir. Wir integrierten sie in unseren Privathaushalt und betrachteten sie als Familienmitglied. Sie fühlte sich während der meisten Zeit physisch stark und mental sowie emotional hervorragend. Es war deutlich zu sehen, wie sie regelrecht aufblühte.

Ich war nach jeder Behandlung völlig erschöpft und durchlebte die wesentlichen Erfahrungen der Klientin, die ihre emotionalen und mentalen Belastungen verursacht hatten. Ich betrat während einer Behandlung den karmischen Speicher und löschte dort zuerst nach und nach die traumatischen Erfahrungen. Danach wandelte ich die energetischen Muster und aktivierte zum Schluss die Selbstregeneration. Nach den Behandlungen beobachtete ich einen bestimmten Zyklus, wie die von mir bei diesem Prozess aufgenommene destruktive Energie über meinen eigenen Körper in Lebenskraft transformiert wurde.

Wenn dieser Prozess abgeschlossen war, regenerierte meine Körperstruktur wieder und ich war klarer und frischer als zuvor. Je erschöpfter ich im Anschluss eines Elphing war, umso mehr Kraft hatte der Klient aus dem globalen Speicher bekommen. Entsprechend länger war meine eigene nachfolgende Regenerationszeit.

Ich übernahm von Anfang an durch meine Arbeit die „Sünden" meiner Klienten und später von meinen Schülern. Ich transformierte in dieser Weise über meinen eigenen Körper die Dunkelheit in Licht. Ich knüpfte mit meiner Arbeit unmittelbar an das Erbe von Jesus Christus an. Ich tat dies, ohne darüber nachzudenken, ob dies richtig oder falsch sei. Ich tat es im reinen Bewusstsein von Demut und Hingabe. Ich wollte teilen, was ich selber bekommen hatte, und wusste auch, dass es für meinen physischen Einsatz einen angemessenen physischen Ausgleich geben musste. Im Gegenteil musste ich Forderungen stellen, was mir am Anfang sehr schwer fiel, sonst wäre es wieder Märtyrertum gewesen und hätte mich zur Selbstverleugnung statt in die ersehnte Freiheit gebracht.

Aus diesem Grunde habe ich von Anfang an für meine Arbeit keine Spenden empfangen wollen, sondern habe Forderungen gestellt. Dies war zu dem Zeitpunkt meines eigenen Prozesses ganz wichtig, um den Selbstwert der Abstammungslinie und damit natürlich auch meinen persönlichen Selbstwert in das Gleichgewicht zu bringen.

Je schlechter der Selbstwert, umso schwieriger ist das Stellen von Forderungen für einen Menschen. Wer fordern kann, ohne sich zu schämen, der bekommt alles, was er benötigt, ohne Forderungen stellen zu müssen. Zu dem Zeitpunkt war das Nehmen und Geben aber noch nicht ausgeglichen, ich musste meine Scham überwinden lernen und für meine Arbeit Geld fordern. Seit dem Jahr 2007 war mein persönlicher Fluss von Geben und Nehmen im Gleichgewicht. Von 2008 bis 2011 arbeitete ich für das Gleichgewicht der Abstammungslinie von Schülern und der Familie. Ab 2012 stelle ich meine spirituelle Quelle bedingungslos zur Verfügung und muss keine Forderungen mehr stellen.

Die Elphings waren bis auf wenige Ausnahmen, wenn ein Schüler oder Klient seine Dämonen nicht freiwillig loslassen wollte, keine große physische Anstrengung. Die Erschöpfung kam immer erst dann, wenn sich mein physisches Energiefeld wieder geschlossen hatte und ich allein war.

Meine erste Krebsklientin erholte sich zusehends und fühlte sich nach drei Monaten stark genug, um wieder nach Hause zu gehen. Ich war nicht davon überzeugt, dass dies der richtige Zeitpunkt sei, und fuhr mit ihr zum Grabmal von Padre Pio, den ich sehr verehrte und der für seine Heilkraft bekannt war.

Während der Fahrt war sie in meiner Gegenwart frisch und fröhlich, sie fühlte sich stark und kräftig. Sie stieg aus dem Auto und konnte kaum laufen. Sie schaffte den Weg vom Parkplatz nicht bis zum Grabmal. Ich musste sie bis zur Kirche fahren, sie stieg mit Mühe aus und wartete dort geduldig, bis ich geparkt hatte und zu ihr zurückkam. Gleich als ich sie aussteigen sah, wusste ich, dass Padre Pio mir auf diese Weise die Antwort gegeben hatte. Ich habe in den ersten Jahren meiner Arbeit immer wieder mit Padre Pio kommuniziert und er hat mir viele Informationen zu der Auflösung und Integration von Dämonen gegeben, die sehr wertvoll und hilfreich für mich waren.

Meine Klientin selbst hat die Demonstration ihrer physischen Schwäche in der Energie des Heiligen aber nicht verstanden, weil sie sich bei mir später im Auto wieder großartig fühlte und dies als positive Antwort nahm. Was das Ego nicht sehen, hören oder wissen will, das wird einfach ausgeblendet.

Ich hatte damals noch nicht den vollkommenen Mut entwickelt, alles zu sagen, was ich wusste. Ich schwieg also und überließ ihr selbst die Entscheidung zu gehen oder zu bleiben. Sie entschied sich zu gehen, weil ihre Familie sie gern zu Hause haben wollte.

Es war Ende Oktober und die Zeit für die Olivenernte gekommen. Nach der Olivenernte wollte ich sie zurück nach Deutschland fahren, ich hatte dort mein erstes Herzöffnungsseminar zu geben.

Sie half uns bei der Olivenernte noch tatkräftig mit. Sie flickte die Netze und sammelte die Oliven auf. Sie war wirklich glücklich in diesen letzten Tagen. Ihre Bewegungen waren zwar langsam, aber sie hatte deutlich noch Lebenskraft.

Anfang November fuhr ich sie mit ihrem Auto nach Deutschland. Während der Reise merkte ich, dass sich ihr Energiefeld veränderte, und zwar nachdem wir durch den Gotthardtunnel gefahren waren. Ihr Energiefeld wurde grauer, verlor an Farbe. Als sie vor ihrem Haus aus dem Auto ausstieg, war sie schon physisch schwächer geworden, und als sie in ihrer Wohnung im Sessel Platz nahm, verfiel sie zusehends. Am nächsten Tag kam sie ins Krankenhaus und starb dort innerhalb von wenigen Tagen.

Ich besuchte sie in ihren letzten Tagen im Krankenhaus und weiß, weil ich sie begleitet habe, dass sie ohne Angst in Frieden gestorben ist. Am letzten Tag meines Besuches sah sie mich glücklich an und sagte, es ist alles so, wie du gesagt hast, ich bin im Wald und sehe schon den Garten.

Diese Erfahrung parallel zu meinem ersten Herzseminar hat mir ohne Kompromisse gezeigt, dass es nicht darum geht, dem menschlichen Willen zu gehorchen, der Heilung und Erlösung seiner Schmerzen nach seinen Vorstellungen fordert. Der Segen meiner Arbeit für die Menschen besteht darin, sich dem Lebensplan mit Demut hinzugeben und dankbar zu sein für die Erlösung von Schmerzen und Angst auf jede Art. Es ging bei meiner Arbeit immer im Kern um die Erlösung von Leiden und Ängsten, besonders von der Todesangst.

Das ist der wahrhaftige Segen der Gnadenenergie, denn sterben muss jeder Mensch irgendwann. Sicher hat es auch Heilungen von Krankheiten, auch von Krebs, gegeben und es wird in Zukunft auch noch viele geben, aber diese physischen Heilungen sind nur möglich, weil sie keine Bedeutung mehr für ein menschliches Ego haben können.

Natürlich hatte ich damals genau wie sie gewünscht, dass sie vom Krebs geheilt werden würde, und natürlich war es nicht leicht für mich und auch nicht für sie, zu akzeptieren, dass die Gnade auf diese Weise wirkte. Der Segen für sie war deutlich darin zu erleben, wie erlöst sie starb. Der Segen für mich war deutlich darin zu erkennen, mit wie viel Vertrauen und Hingabe ich meine Arbeit fortsetzte und dass kein Zweifel und kein Misstrauen in mir war.

Einige spirituelle Lehren sagen, es gibt nur ein Leben. Andere spirituelle Lehren sagen, es gibt die Wiedergeburt. Was ist richtig? Beides, es gibt immer nur das eine individuelle Leben und gleichzeitig gibt es die Wiedergeburt. Wer oder was wird wiedergeboren? Viele Menschen stellen sich dies so oder ähnlich vor:

Sie schließen die Augen und sterben. Die Seele verlässt den Körper und schwebt davon. Die Seele, die so aussieht wie der frühere Mensch, nur durchsichtiger, geht an einen Ort, wo es schön ist. Das ist der Himmel. War ein Mensch im Leben nicht so gut, geht die Seele an einen Ort, wo es nicht so schön ist, das ist die Hölle. Wenn es wieder Zeit für einen neuen Körper wird, dann geht die Seele, die jetzt so aussieht wie der neue Körper, nur durchsichtiger, in den neuen Körper hinein, und der Mensch beginnt ein neues Leben.

Der Mensch stirbt auf die gleiche Weise, wie seine

Beseelung als Mensch erfolgte. Die Beseelung erfolgt in fünf Phasen und der Tod erfolgt ebenfalls in fünf Phasen, sofern der Mensch heilig ist. Ist der Mensch nicht heilig, erfolgt der Tod sowie seine Beseelung in drei Phasen. Zur Zeit gibt es ungefähr zwölf Millionen heilige Menschen, von denen sich nur etwa fünfhunderttausend Menschen darüber bewusst sind. Den anderen Menschen wird dies im Laufe der nächsten Jahrzehnte ebenfalls bewusst werden müssen. Für diese Menschen schreibe ich dieses Buch.

Wenn ein Mensch stirbt, verlässt ihn zuallererst in zwei Phasen sein Heiliger Geist. Der Teil in uns, der Licht genannt wird. Dann geht seine Heilige Seele, das, was wir Liebe nennen. Damit hat den Menschen sein höchstes Bewusstsein verlassen. In diesem höchsten Bewusstsein befinden sich der Heilige Geist und die Heilige Seele als Einheit. Der Heilige Geist mit der Heiligen Seele als ein verschmolzener Bewusstseinskörper wird das Höchste Selbst genannt. Dieses höchste Bewusstsein haben die meisten Menschen gar nicht, deshalb können sie ihn auch nicht vermissen. Einige Menschen haben dieses höchste Bewusstsein und wissen es gar nicht, das ist viel schlimmer, weil sie ihr Potential nicht nutzen.

Das was allgemein als Seele bezeichnet wird, ist

die Verschmelzung des Egos mit dem Mentalkörper und dem Emotionalkörper. Das nenne ich die Dreieinigkeit des Niederen Selbst. Nachdem das höchste Bewusstsein den Körper des Menschen verlassen hat, kann der Mensch physisch noch Jahre leben. Als nächstes verlässt das Ego das menschliche Körpersystem. Das Ego geht, wenn sicher ist, dass der Körper nicht überleben wird und seine Funktionen nicht mehr gebraucht werden. Das Ego stirbt. Im Ego sind die Prägungen von Ursache und Wirkung enthalten, die ein Mensch während eines Lebens aufgebaut hat und die seine individuelle Persönlichkeit ausmachen. Mit dem Ego stirbt diese Individualität.

Ohne Ego kann der Mensch, oder besser gesagt die menschliche Körperhülle, noch Jahre leben, wie an den Komapatienten zu erkennen ist.

Nach dem Ego löst sich der Mentalkörper vom physischen Körper ab. Der Mentalkörper steuert die Nervenimpulse des Menschen durch Botensignale. Der Mentalkörper stirbt nicht, sondern hinterlässt im mentalen Speicher der Abstammungslinie seine Erinnerungen und löst sich dabei auf. Der mentale Speicher befindet sich physisch in der Ozonschicht eines Planeten.

Zuletzt löst sich der Emotionalkörper vom physischen Körper ab. Der Emotionalkörper regelt die mechanischen Impulse wie die Atmung und den Herzschlag durch Botenstoffe. Auch der Emotionalkörper stirbt nicht, sondern löst sich auf und hinterlässt seine Erinnerungen im emotionalen Pool der Abstammungslinie, der sich physisch im Erdmagnetfeld eines Planeten befindet.

Auf jeden Fall gibt es diesen Menschen in seiner Individualität und seiner Persönlichkeit so, wie er gelebt hat und gestorben ist, nie wieder. Ein menschliches Leben ist so einmalig wie sein Fingerabdruck.

Wenn in dieser Familie wieder ein Kind gezeugt wurde, geht es genau andersherum. Die Eizelle der Mutter trägt den Emotionalkörper mit den Informationen aus dem emotionalen Pool ihrer Abstammungslinie. Die Samenzelle des Vaters trägt den Mentalkörper mit den Informationen aus dem mentalen Pool seiner Abstammungslinie. Der physische Körper wird aus diesen beiden genetischen Informationen gebildet.

Das höchste Bewusstsein beseelt den Körper entsprechend der Entwicklung des Embryos in der Zeit vom fünften bis siebten Schwangerschaftsmonat. Das Ego wird über Jahre in sieben Stufen individuell aufgebaut, wie ich es im ersten Kapitel beschrieben habe.

Über das höchste Bewusstsein bekommt dieser neue

Mensch nach und nach Zugang zu den gesamten mentalen und emotionalen Erinnerungen und Erfahrungen aus beiden Abstammungslinien von seinem Vater und seiner Mutter und fühlt sie so, als hätte er sie selbst erfahren. Er kann sich mit allen Vorleben identifizieren und muss es sogar, denn er ist verpflichtet, die emotionalen und mentalen Belastungen der Abstammungslinie durch sein bewusstes Handeln auszugleichen. Aus dieser Wahrheit heraus gibt es die Reinkarnation tatsächlich.

Zeitgleich mit meiner ersten Krebsklientin meldete sich die erste Schülerin bei mir, die eine Ausbildung bei mir machen wollte. Wir kannten uns bereits einige Jahre durch gemeinsame Energiearbeit und hatten das zweite Reiki-Seminar zusammen gemacht. Sie erlebte mich positiv verändert und wollte diese Energie auch haben, so kann man es wohl am besten formulieren.

Ich war sehr zögerlich, weil ich ihre Motive als nicht rein spürte und ich ihren spirituellen Körper als deutlich unterentwickelt wahrnahm. Trotzdem nahm ich sie als Schülerin auf und stellte ihr alles, was ich hatte und wusste, zur Verfügung.

Ich schrieb die ersten Lehrbriefe, initiierte meine erste Schülerin und versuchte mein Bestes, um ihre Lehrerin zu werden. Beides misslang. Sie konnte die

Initiationsenergie zwar empfangen, aber sie konnte sie nicht bewahren, ihr spiritueller Körper war wirklich nicht weit genug entwickelt. Ich hatte mich nicht geirrt. Sie nahm auch meine Lehren nicht an, weil sie mich nicht als Lehrerin haben wollte, sondern sie war wirklich nur an meiner Energie als Machtinstrument interessiert.

Ich habe mich schweren Herzens von ihr trennen müssen, weil meine göttlichen Eltern das von mir forderten. Wie gewonnen, so zerronnen, war ihre Belehrung dazu. Ich habe dieser ersten Schülerin später geschrieben, dass sie jederzeit zurückkommen kann, wenn sie genug Demut und Herzqualitäten entwickelt hat.

Aus diesen beiden ersten schweren Prüfungen heraus hat sich in meiner Arbeit von Anfang an ein hohes Reinheitsprinzip durchgesetzt, das sich bis heute auch bei meinen Lehrerschülern bestens bewährt hat.

Durch meinen erlösten Ehrgeiz, nicht gut, erfolgreich oder beliebt sein zu wollen, und mit der finanziellen Absicherung durch meinen Mann habe ich niemals aus egozentrierten Motiven Klienten oder Schüler annehmen müssen. Das hat meine Arbeit im Ergebnis so segensreich werden lassen, wie ich heute weiß. Besonders in den Jahren 2004 bis 2009 habe ich viele Klienten und Schüler zurückweisen müssen, weil ihre Motive egozentriert waren oder sie nicht weit genug entwickelt waren.

Einige von ihnen sind später noch einmal zu mir gekommen und haben noch einmal um die Ausbildung oder um die Therapie gebeten. Allein aus diesem Mut heraus, zu bitten wiederkommen zu dürfen oder zuzugeben, im Irrtum gewesen zu sein, hat sich für diese Menschen unglaublich viel Segen entwickelt.

Nach dem Herzseminar kamen zuerst die Nachkommen der engsten zwölf Jünger von Jesus zu mir. Durch diese jahrelange Konfrontation mit den Ängsten und Schmerzen aus ihren traumatischen Erinnerungen und den folgenden schmerzhaften Erfahrungen über meinen eigenen Körper hat sich über Jahre mein Wissen über die komplexen kosmischen und karmischen Zusammenhänge bestätigt.

Das Wissen selbst habe ich über meinen direkten Zugang zum Weltengedächtnis erhalten und ausschließlich auf diese Weise habe ich die ganzheitliche Therapie und den spirituellen Weg entwickelt. Die praktischen Erfahrungen als ganzheitliche Lehrerin in den neun Jahren waren für mich nur die Bestätigung meines Wissens aus der Wahrhaftigkeit des Allbewusstsein.

Es ist nichts Wesentliches an Wissen hinzugekommen, was ich nicht schon im Jahr 2005 erkannt hatte. Diese Bestätigung meines inneren Wissens hat mein Selbstvertrauen stärken und stabilisieren können, wenn ich persönlich verleumdet oder meine Lehre angegriffen wurde.

Die Verleumdung durch Menschen, egal aus welchen Zusammenhängen sie in unserem Leben eine Rolle spielen, gehört zur Schulung eines freien Menschen dazu wie das Wasser zum Schwimmen oder die Gläser zur Brille. Trotzdem wäre es vermessen von mir zu behaupten, dass ich schon gleich von Beginn meiner Lehrtätigkeit an unberührt war von falschen Beschuldigungen meiner Klienten und Schüler. Genauso waren die ersten Angriffe und Verleumdungen durch Menschen meines familiären Umfeldes zuerst schwer für mich zu verarbeiten.

Ein sicherer Zeitpunkt, von dem aus ich sagen kann, dass Beschuldigungen keine schmerzhaften Emotionen mehr, sondern reines Mitgefühl in mir auslösten, war eine Veranstaltung im Frühjahr 2008. Auf dieser Veranstaltung stand plötzlich eine Teilnehmerin auf und sagte laut und anklagend zu mir, ob ich wüsste, wie schädlich und gefährlich ich sei, weil ich Angst und Schrecken in den Menschen auslösen würde.

Dies war eine bewusste Erfahrung von Freiheit, die

mir in Erinnerung geblieben ist, weil ich keinerlei Ablehnung, sondern ausschließlich Mitgefühl für diese Frau hatte, denn sie fühlte dies ja wirklich so. Seitdem bleibt mein Ego unberührt von Beleidigungen, so wie es von Lob und Huldigungen unberührt bleibt.

Die Unberührbarkeit von Lob und Anerkennung hatte ich schon wesentlich früher verwirklicht, und zwar 2004, als die ersten Schüler zu mir kamen. Jeder Schüler versucht zu Beginn, den Lehrer durch Lob zu manipulieren. Wäre dies für meine Schüler erfolgreich möglich gewesen, hätte ich nicht als Lehrerin dieses Weges tätig werden können. Mit dem Erlösen des Ehrgeizes geht der Wunsch nach Bedeutung und Anerkennung dahin und dazu gehört im Wesentlichen das Loben und Huldigen der eigenen Person und der eigenen Fähigkeiten.

Den richtigen Zeitpunkt für die Befähigung zur spirituell ganzheitlichen Lehrerin oder zum ganzheitlichem Lehrer bestimmen immer die Schüler. Ist der Schüler bereit, zeigt sich der Lehrer. Der Wunsch nach Belehrung muss von dem Schüler ausgehen, der Lehrer entscheidet lediglich, ob er den Schüler annehmen will.

Ich hatte nie den Wunsch, eine Arbeit wie diese, die ich seit neun Jahren leiste, zu tun. Weder als Therapeutin noch als Lehrerin und schon gar nicht als spirituelle Quelle durch die Mhaádeii-Präsenz. Es ist alles zu mir gekommen, weil es zu mir und meinem Lebensplan gehört, nicht weil ich danach gestrebt habe. Ich kann jedem empfehlen, der den Wunsch hat, andere zu belehren, darum zu bitten, dass er diese Verhaftung verliert und frei wird von diesem egozentrierten Wunsch. Wer sich noch anstrengen will, Lehrer zu werden, und sich bemühen muss, Schüler zu bekommen, sollte überdenken, wo er steht, ob er nicht selbst noch Belehrung und Führung benötigt.

Ab dem Jahr 2007 wurde meine Arbeit auch materiell zum Segen und ich begann, meine alten finanziellen Schulden zu begleichen. Nicht aus bestehenden Schuldgefühlen heraus. Im Gegenteil, gerade weil ich keine Verpflichtungen mehr in mir spürte, bezahlte ich aber der guten Ordnung halber diese alten Schulden zurück. Sich an weltliche Regeln zu halten ist unbedingt notwendig für alle Menschen, und gerade ein Mensch, der sich darüber hinwegsetzen könnte, wird sich immer an die weltlichen Regeln freiwillig halten.

Das war die Zeit, zu der sich das Mhaádeii-Bewusstsein in meinem physischen Körper integrieren wollte, und ich wusste nicht, ob oder wie lange mein physischer Körper diese Belastungen aushalten würde. Ich wollte meinen Kindern aber auf keinen Fall materielle Verpflichtungen hinterlassen.

Nach den Abkömmlingen der Jünger kamen nun die Nachkommen der Pharisäer und Ankläger von Jesus als Schüler zu mir. Die meisten von ihnen sind heute noch da, einige davon als meine Lehrerschüler. Ein paar von ihnen musste ich wegschicken, vielleicht sind sie später noch bereit zur Hingabe und kommen wieder, damals waren sie es nicht. Ganz wenige sind aus eigenem Antrieb gegangen, sie wurden ganz bestimmt in ihren Erwartungen oder Vorstellungen enttäuscht.

Welche Erwartungen haben die Menschen, die zu mir kommen, und kann ich diese Erwartungen erfüllen? Alle Menschen, die zu mir kommen, haben Erwartungen oder wenigstens gewisse Vorstellungen. Das ist sogar gut so, je konkreter und höher die Erwartungen, um so schneller die Enttäuschung. Genau das ist meine Aufgabe, die Illusionen und Lügen aufzudecken und die Menschen von diesen Täuschungen zu befreien. Erst wenn die Selbsttäuschungen und die Selbstlügen offenbar sind, ist das Herz groß genug, um die Liebe darin zu bewahren und sie zu teilen.

Die Menschen, die dazu bereit sind, erleben durch meine lebendige Gnade Liebe und Glück und erfahren die Erfüllung ihrer Herzenswünsche. Das ist gewisslich wahr, so wie auch ich meine Herzenswünsche erfüllt bekommen habe, erfülle ich die Herzenswünsche meiner Schüler. Als persönlichen Lehrerschüler nehme ich auf, wer bereit ist, alle seine egozentrierten Erwartungen und Vorstellungen loszulassen und der ewigen Wahrhaftigkeit Platz zu machen. So wie auch ich meine egozentrierten Vorstellungen und Erwartungen losgelassen habe und der ewigen Wahrhaftigkeit Platz gemacht habe in meinem Geist und meinem Herzen. Alles was ich empfangen habe, kann ich weitergeben. Alles was ich verwirklicht habe, kann ich teilen. Alles was ich in mir erlösen konnte, kann ich auch in dir erlösen. Alles ist möglich und nichts ist unmöglich.

Die meisten Menschen haben idealisierte Vorstellungen davon, was es heißt, vom Ego befreit zu sein, oder was Selbstverwirklichung im Alltag bedeutet. Sie bewundern Heilige, wenn sie tot sind, und schließen die Heiligkeit im Lebensalltag aus. Es ist verhältnismäßig einfach, in einem Kloster oder Ashram innerhalb der Stille im Außen mit einem geregeltem Tagesablauf und ohne Verantwortung für sein Alltagsleben die Selbstverwirklichung zu erreichen. Das zeigen uns zum Beispiel die vielen bekannten und unbekannten Heiligen, die aus dem katholischen Glauben im klösterlichem Schutz der Kirche hervorgegangen sind. Ebenso gibt es unzählige buddhistische oder hinduistische Heilige, die in ihren geschützten Ashrams ihre Schüler zur Befreiung vom Ego geführt haben. Diese Wege haben seit Jahrtausenden immer wieder einen Menschen zum Frieden geführt. Die meisten Menschen, die auf diese Weise ihren Frieden in sich gefunden haben, haben sich aus dem Alltagsleben herausgezogen und leben außerhalb der Welt. Die wenigsten von ihnen dienen mit ihrem Wissen weiter in der Welt. Das ist für den Weltfrieden keine gute Aussicht, wenn dies weitergeführt wird.

Der Mhaádeii-Weg ist der Diamant-Weg, den ich durch die Gnade der Allmutter öffnen durfte und den ich vorangegangen bin. Er ist der einzige Weg zur vollkommenen Befreiung, ohne der äußeren Welt zu entfliehen. Das Ziel des Weges ist es, in der Welt zu leben und sich dabei nicht von der Welt verhaften zu lassen. Es liegt in diesem Weg nicht das Streben, sich durch besondere Kleidung, besonderes Verhalten, durch eine besondere Lebensweise oder Fähigkeiten und geheimes Wissen von anderen Menschen abzuheben, sich von Gruppen auszugrenzen oder sich sogar über die anderen Menschen zu stellen. Es ist ein selbstbestimmter freier Weg, der jede Religion und jede Religionsgemeinschaft überflüssig machen wird. Diese Rückverbindung zum Selbst benötigt keine äußeren Regeln, keine äußeren Rituale und keine äußeren Institutionen.

Jede Veränderung geschieht zuerst in dir und danach verändert sich deine äußere Welt. Es hat keinen Sinn, das Außen zu verändern, um dadurch Frieden zu finden. Es ist nicht nötig, dass andere sehen oder hören können, wer du bist und welche Geisteshaltung du hast. Verwirkliche alles, was du dir wünscht, zuerst in dir selbst und deine Lebensbedingungen spiegeln dir auf natürliche Weise deine innere Haltung zurück.

Der wichtigste Schritt in die Selbstverwirklichung ist die Akzeptanz des Schicksals. Mein eigenes Schicksal brachte mir als wichtigste Übung das Verstehen des „Weg als Ziel", die für mich beste Möglichkeit, meinen Ehrgeiz zu verlieren. Diese Übung habe ich viele Jahre praktiziert ohne zu erkennen, dass es überhaupt eine spirituelle Übung war. Ich habe durch mein Schicksal viele Enttäuschungen und vermeintliche Rückschläge erlebt. Bis ich den Sinn darin verstanden habe, musste ich erst über vierundzwanzig Jahre hinweg immer wieder Misserfolge einstecken, bis ich begriff, dass der Weg wirklich das Ziel ist. Vierundzwanzig Jahre lang habe ich alles, was ich tat, aus dem einzigen Grunde getan, damit ich am Ende ein bestimmtes Ergebnis mit Erfolg verzeichnen kann, um anschließend als Belohnung eine Anerkennung dafür zu bekommen. Die Aufgaben und Arbeiten, die ich oft dafür bewältigen musste, empfand ich als anstrengend und konnte kaum abwarten, dass das Ergebnis endlich erreicht war. Umso enttäuschter war ich jedes Mal, wenn ich wieder feststellen musste, dass es auch diesmal nicht gelungen war. Ich war regelrecht verzweifelt und fühlte mich vom Schicksal bestraft. Je mehr ich mich anstrengte, umso niederschmetternder das Ergebnis.

Trotzdem habe ich immer wieder angefangen, etwas Neues zu tun. Was hätte ich auch anderes tun sollen. Wofür ist der Mensch geboren? Doch dafür, um zu arbeiten. Der Körper will sich bewegen, der Geist will denken und die Gefühle wollen durch Handlungen ausgedrückt werden. Also sollte der Mensch arbeiten, um diese drei Grundbedürfnisse zu befriedigen.

Erst als ich das begriffen habe, dass ich arbeite um der Arbeit willen, ja, weil mir der Prozess der Arbeit Freude macht, habe ich aufgehört, auf das Ergebnis zu schauen, und hatte plötzlich Erfolg.

So ist es mit allem, was das Schicksal bringt. Es sind immer Geschenke für uns Menschen, um unser Leben positiv zu verbessern. Es sind nie Hindernisse oder Irrtümer. Das Schicksal ist unser Lebensführer. Folgen wir dem Schicksal ohne Zögern und ohne uns den Angeboten zu verweigern, stellen wir irgendwann fest, dass wir immer zur rechten Zeit am rechten Ort sind und die richtigen Menschen treffen, die richtigen Bedingungen vorfinden und unser Leben genau das richtige für uns ist.

In diesem Bewusstsein lebt ein befreiter Mensch vielleicht ein bescheidenes und unauffälliges Leben. Vielleicht lebt dieser Mensch ein extravagantes Luxusleben. Vielleicht ist er ein charismatischer Weltveränderer oder politischer Führer. Vielleicht ist er ein bodenständiger Landwirt. Vielleicht lebt er allein, vielleicht ist er verheiratet. Vielleicht ist er ein erfolgreicher Wissenschaftler und hat den Nobelpreis gewonnen. Vielleicht kann er weder lesen noch schreiben und lebt vom Fischfang auf einer winzigen Insel.

Es ist von außen nicht zu sehen, wer vom Ego befreit ist und wer vom Ego nicht befreit ist. Es ist an den Handlungen der Menschen nicht abzuleiten, wie es in ihrem Inneren aussieht. Eines haben diese Menschen aber alle gemeinsam, sie beklagen ihr Schicksal nicht, egal wie schwierig und schwer ihr Leben von außen aussehen mag, im Inneren bleiben sie unantastbar von Leid und Schmerz. Diese innere Unantastbarkeit macht die Heiligkeit eines Menschen aus.

Ab dem Jahr 2007 war deutlich zu erkennen, dass ich mich mit meinem Mhaádeii-Bewusstsein zu weit von dem menschlichen Bewusstsein meiner Klienten und Schüler entfernt hatte. Ich konnte sie über das globale Energiefeld nicht ausreichend mit meiner Herzenergie versorgen. Das Senden war für mich nicht das Problem, auch nicht das Empfangen der Klienten und Schüler, aber das Bewahren und damit das Umsetzen im Alltag. Die Frequenz meiner Energie war so hoch geworden, dass sie nicht lange genug im physischen Körpersystem von Menschen außerhalb meiner physischen Präsenz bleiben konnte, um ausreichend zu wirken. Aus dieser Erfahrung heraus entwickelte ich die energetischen Elph-Essenzen als physisches Trägermedium für meine Herzenergie.

Um die Wirkungsweise der Essenzen besser verstehen zu können, muss ich an dieser Stelle über die Funktionen des Niederen Selbst und die Aufgabe der Engel und der Dämonen im menschlichen Körper berichten.

Die Vorstellungen der meisten Menschen von Engeln und Dämonen ist ähnlich idealisiert wie ihre Vorstellungen von Leben und Tod. Die Engel sind gut und die Dämonen sind schlecht. Beide sind weder gut noch schlecht, sie haben Aufgaben zu erfüllen, die von den Menschen jeweils entweder als angenehm oder unangenehm empfunden werden, je nachdem wo der Mensch in seiner Entwicklung gerade steht. Auf jeden Fall gehört die Integration der inneren Dämonen genauso zu der Rückverbindung zum Höchsten Selbst wie die Integration der inneren Engel. Beide, sowohl die Engel als auch die Dämonen, sind nichts anderes als Boten, die vom Höchsten Selbst eingesetzt werden, um das Niedere Selbst zu informieren, dass der natürliche Weg über die Herzinstanz blockiert ist.

Diese „göttlichen" Boten stellen sich die Menschen gerne als Lichtwesen vom Himmel oder als Schattenwesen aus der Hölle vor. Einfach weil Menschen gern alles genau verstehen wollen und alles, was sie nicht verstehen, gern ablehnen. Oder sie idealisieren, was sie glauben zu verstehen. Auf jeden Fall hatten die Engel zuerst ein besseres Image als die Dämonen und deshalb hat sich um sie zuerst ein Kult entwickelt. Da aber das Kollektivbewusstsein den natürlichen Trieb hat, das Gleichgewicht wieder herzustellen, entwickelte sich dann auch ein Kult um die Dämonen als Gegengewicht.

Aus meiner Sicht ist beides so dumm, wie es sinnlos ist. Der Engelkult ist so sinnvoll wie die ausschließliche Verehrung der menschlichen Ohren und der Dämonenkult ist so sinnlos wie die ausschließliche Verehrung der menschlichen Augen.

Die „Engel" werden als mentale Botensignale der

menschlichen Ohren über die Nervenstränge und das Lymphsystem vom Höchsten Selbst geleitet, wenn ein Mensch beginnt, unter seinen mentalen Strukturen so stark zu leiden, dass er selbstzerstörerische Handlungen begeht. Die typischen physischen selbstzerstörenden Handlungen sind das Einsetzen von physischen Substanzen wie Alkohol, Medikamenten und anderen Drogen. Wenn dies geschieht, vermittelt der „Engel" Schuldgefühle und Anweisungen zur Verhaltenskorrektur, er spricht innerlich zum Menschen. Er ermahnt den Menschen zur Einsicht und Umkehr seines Weges.

Die Dämonen werden als emotionale Botenstoffe über die Augen vom Höchsten Selbst über das endokrine System durch den Blutkreislauf eingesetzt, wenn ein Mensch beginnt, unter seinen emotionalen Begierden so zu leiden, dass er selbstzerstörende Handlungen begeht. Die typischen emotionalen Handlungen sind sexuelle Zwangshandlungen sowie Ess- und Magersucht. Wenn dies geschieht, vermittelt der Dämon Scham und Anweisungen zur Verhaltenskorrektur. Er kontaktiert das menschliche Bewusstsein durch innere Bilder, die ihn von weiteren selbstzerstörerischen Handlungen abhalten sollen.

Da die mentalen Schuldgefühle vor anderen Menschen besser versteckt werden können als die physische Scham, die Angst bereiten kann, ist die Abwehr von Dämonen so groß geworden. Beide, Engel wie Dämonen, arbeiten zusammen, indem die Engel die Botensignale erzeugen, damit die Dämonen die Botenstoffe in das physische Körpersystem ausschütten. Über die Schilddrüse gelangen die Botenstoffe aus der Epiphyse als Sitz des Höchsten Selbstes zur Bauspeicheldrüse als Sitz des Niederen Selbstes. Über die Bauchspeicheldrüse werden die Botensignale in den Magen-Darmtrakt geleitet und die emotionalen Botenstoffe aktiviert, die sich im Leber- und Galletrakt befinden.

Die natürlichen ätherischen Duftstoffe in den Essenzen gelangen über die Schleimhäute in das endokrine System und wirken von dort physisch über das Nervensystem als Botensignale und über das Lymphsystem und den Blutkreislauf als Botenstoffe. Das Wissen über die Entstehung von Scham und Schuld durch die Erkenntnis von Ursache und Wirkung sind in meinen Essenzen als Information enthalten und neutralisieren auf diese Weise die Wirkung der inneren Engel und Dämonen.

Wenn ein Mensch sich unbelehrbar verhält, wird er mit so viel Schuld und Scham überflutet, dass er die Kontrolle verliert und sich tatsächlich selbst zerstören will.

Die in vielen Nahrungsmittel enthaltenen Hormone und Medikamente sowie der verantwortungslose Umgang mit Alkohol und anderen Suchtstoffen aktivieren die Engel und die Damönen im physischen Körpersystem ungewollt in vielen spirituell erwachten Menschen, die dies nicht wissen.

Eine Überstrapazierung der Ohren und Augen durch laute aggressive Musik, Horrorfilme und Videospiele führen ebenfalls zur Aktivierung der inneren Engel und Dämonen. Die Engel und Dämonen als Boten des Höchsten Selbstes kontrollieren die Verhaltensweisen des Menschen solange, bis die Selbstverwirklichung abgeschlossen ist.

Seit dem Jahr 2009 kamen immer mehr Nachkommen von Gautama Siddhartha Buddha zu meinem spirituellen Weg, weil mein Körpersystem seit dieser Zeit das Mhaádeii-Bewusstsein oder einfacher gesagt das Kollektivbewusstsein verwirklicht hatte und sie darauf gewartet hatten.

Ich begann in diesem Jahr damit, Lehrerschüler auszubilden, weil die Menschen, die spirituell unvorbereitet zu mir kamen, auf meine physische Begegnung zu heftig reagierten. Sie bekamen einen energetischen Sonnenbrand, wenn sie zu lange in meiner Nähe waren.

Mein persönliches Aurafeld musste sich von Mitte 2009 bis Mitte 2011 noch einmal so weit ausdehnen, wie es für meine Arbeit als spirituelle Quelle notwendig war. Dieser Prozess war sehr belastend und schmerzhaft für mich, weil mein natürliches Schutzfeld in dieser Zeit nicht stabil war, sodass ich sehr empfänglich war für selbstzerstörerische mentale und emotionale Muster aller Menschen, die mir begegneten. Ich war in dieser Zeit viel im Rückzug und körperlich sehr geschwächt. Mittlerweile hat sich mein Schutzfeld wieder stabilisiert und die Entfaltung der Mhaádeii-Präsenz ist abgeschlossen. Wie und auf welche Weise ich meine Arbeit zum Wohle des Kollektivs fortführen werde, ist abhängig von der Lernbereitschaft und der Wandlungsfähigkeit der Menschen, die das kollektive Bewusstsein dieser Welt erschaffen.

Alles ist eins

In mir haben sich das Licht des Buddha und die Liebe des Christus verwirklicht. Insgesamt hat diese Verwirklichung von Licht und Liebe die gesamten vierundfünfzig Jahre meines Lebens umfasst. Ich weiß, dass alles, was ich bisher getan habe, nur die Vorbereitung war für das, was mir bestimmt ist.

Es war oft kein leichter Weg, den ich gewählt habe. Besonders in den letzten drei Jahren, in denen ich am Kollektivbewusstsein gearbeitet habe, wollte ich am liebsten meine Familie und die Schülerschaft verlassen, um allein in meiner inneren Stille und dem glückseligen Frieden zu sein. Ich bin geblieben im Glauben, dass es einen Sinn ergeben wird. Dieser Sinn hat sich mir offenbart und deshalb schreibe ich die letzten Seiten über die Zukunft deiner Welt.

Durch das kollektive Bewusstsein dieses Planeten hat sich die Erde in diesen globalen Zerstörungsprozess begeben. Die Verfassung der Erde ist Ausdruck des Bewusstseins aller Menschen, die auf und von ihr leben.

Durch die Schuldgefühle der Menschen, die nach Sühne, Vergeltung und Buße streben, sind alle diese absurden Endzeitprophezeiungen entstanden, die im Kern alle das gleiche wollen. Der Mensch schiebt die Verantwortung für seine eigenen Schöpfungen einer göttlichen, außerhalb von sich stehenden Macht zu, die alles für ihn richten und regeln soll, damit er nicht mit seiner Selbstverantwortung konfrontiert wird.

Begonnen hat dieses Prinzip der Selbstverleugnung mit der Offenbarung an den Johannes, der vor lauter Schuld und Scham in psychotische Zustände geriet durch die Visionen seiner inneren Engel und Dämonen, die er zu seiner mentalen und emotionalen Entlastung niederschrieb. Hätte er gewusst, wie sich diese Schreckensvisionen verbreiten würden, hätte er seine Aufzeichnungen ganz bestimmt verbrannt.

Was bedeutet es für den einzelnen Menschen, wenn sich diese Zukunftsvisionen tatsächlich verwirklichen würden. Angst, Schrecken, Schmerz, Not und Hunger würden das Leben aller Menschen von Generation zu Generation bestimmen. Bis dieses Karma ausgeglichen wäre, müssten nochmals tausend Generationen geboren werden, damit der Mensch durch verdienten Schmerz und Leid zur Einsicht darüber kommt, dass er selbst der Schöpfer seiner Welt ist und dass er tatsächlich morgen das erlebt, was er sich heute ausdenkt.

Ich sage dir, dass die Welt sich innerhalb der nächsten sieben Generationen in einen Ort verwandeln wird, in dem ich gern noch einmal eine Lebenserfahrung machen würde. Wie ist das möglich zu realisieren? Durch Gnade!

Welche Maßnahmen müssen getroffen werden, um diese schöne Zukunft zu gestalten? Was muss geschehen oder was muss sich verändern, damit die Welt in zweihundertzehn Jahren, wenn die siebte Generation erwachsen ist, zu einem freundlichen, lebenswerten Ort geworden ist? Die Menschen beklagen sich über ihr Schicksal, seitdem es die Menschen gibt. Es sind besonders fünf Lebensbereiche, die ihnen persönliche Sorge oder direkt Probleme bereiten. Aus dem Bewertungsprofil über diese fünf Lebensbereiche heraus empfinden sie ihr Leben als gut oder als schlecht. Betrachten wir diese fünf wichtigsten Lebensbereiche der Menschen und suchen wir nach glücklichen Lösungen für die Veränderung.

Der wichtigste Bereich in diesem Zeitalter ist für die Menschen das Geld. Es ist kein Zufall, dass gerade in dieser Zeit die Wirtschaftskrise, die Finanzkrise und die Schuldenkrise zusammen realisiert wurden. Diese Krisen sind zum einen Teil aus der Angst und der Sorge der erlebten Not entstanden, die der Zweite Weltkrieg gebracht hat. Zum anderen Teil sind sie aus dem Investitionswahn nach dem Ende des Krieges entstanden, der zu der weltweiten Schuldenpolitik geführt hat. Der Zweite Weltkrieg hat vielen Menschen Hunger und Not gebracht. Viele von ihnen waren damals Kinder und Jugendliche, die später für das Wirtschaftswachstum und für den daraus resultierenden Wohlstand der Nationen verantwortlich waren. Ihre Söhne und Töchter tragen in ihrem genetischen Code die erlebte Angst der Eltern vor Armut und Not, obwohl sie selbst schon im Wohlstand geboren wurden. Viele von ihnen bekleiden heute in der Politik und der Wirtschaft wichtige Führungspositionen. Diese Menschen sind auf das kontinuierliche Streben nach Wachstum konditioniert und leben in dem Bewusstsein, dass Stagnation den Rückschritt auslösen wird.

Aus diesem kollektivem Bewusstsein heraus konnten die Schulden weltweit so stark expandieren und der Bereich Geld so einen großen Raum im Leben der Menschen einnehmen. Das ist aus menschlicher Sicht, wenn er vom Ego regiert wird, absolut verständlich und logisch. Aber diese Überbewertung von Geld als materielle Wunscherfüllungsdroge führt automatisch zu einem Mangel an Liebe. Ein sorgenvolles Herz wird immer kleiner und enger, so klein und eng, dass die Liebe keinen Platz mehr darin hat.

Mit der Liebe geht aber auch die schöpferische Kraft, die besonders Deutschland, Italien und Frankreich mit ihren Forschern, Entwicklern und Schöpfern von innovativen Produkten und Technologien wirtschaftlich so groß gemacht hat. Was wäre zu tun, wie könnten die weltweiten Wirtschafts- und Finanzkrisen gelöst werden? Sie sind ja keine einzelnen Krisen, da die Schuldenkrise der Finanzkrise entstammt, die sich wiederum aus der Wirtschaftskrise heraus entwickelt hat.

Aus meiner Sicht ist diese Krisensituation das Beste, was der Welt passieren kann. Die globale Geldkrise ist eine Möglichkeit zur Rehabilitation der Menschen ohne physische Gewaltanwendung. Meiner Meinung nach die perfekte Lösung, um alle Menschen darauf hinzuweisen, dass es so nicht weitergehen kann.

Ich selbst habe die Situation von Überschuldung und der daraus resultierenden Existenzangst in meinem eigenen Leben schmerzlich erfahren. Ich habe beides überwunden und weiß, dass die Kapitulation der erste Schritt und das Verändern der gesamten Lebenshaltung der zweite Schritt ist. Die Wandlung zum Positiven ergibt sich danach als Konsequenz von ganz allein aus dem erlösten Geist heraus. Ich habe nach meinem letzten finanziellen Zusammenbruch vor über zwanzig Jahren nie wieder Schulden gemacht und bin glücklich damit geworden. Ich habe viele Jahre mit einem Minimum leben müssen, bin heute frei von Bedürfnissen und kann, wenn nötig, auf alles verzichten und mich in jedem Augenblick auf eine neue Situation einstellen ohne die Gefühle von Verlust oder Versagen. Freiheit bedeutet nicht, sich alles zu erfüllen, was man möchte, sondern alles besitzen zu können und dabei mit nichts verhaftet zu sein.

Es ist absurd, wenn ein Land, das selbst so hoch überschuldet ist, und jeder Bürger mit mehr als zwanzigtausend Euro belastet ist, einem anderen Euroland Versagen vorwirft, weil die Bürger dieses Nachbarlandes eine Staatsverpflichtung von dreißigtausend Euro pro Kopf zu tragen haben. Jede Regierung eines Landes, die auch nur eine Geldeinheit Schulden an seine Bürger als Belastung weitergeben muss, hat als Führung versagt.

Der wichtigste Schritt, um aus dieser weltweiten Krise herauszukommen, ist für jede Regierung die Akzeptanz der Unwirksamkeit ihrer wirtschaftlichen Instrumente und Systeme, sowie das Eingestehen ihrer menschlichen Ohnmacht. Geschieht das in absehbarer Zeit nicht freiwillig, werden diese unwirksamen künstlichen Systeme zusammenbrechen müssen.

Die Welt wird deshalb nicht untergehen. Im Gegenteil werden aus diesem Zusammenbruch heraus endlich die innovativen und natürlichen Systeme entstehen können, die längst überfällig sind. Es gibt heute schon viele innovative Wirtschaftswissenschaftler und Finanzexperten, die mit dem nötigen Bewusstsein ausgestattet sind, um ein neues soziales Gerechtigkeitsempfinden in Politik und Wirtschaft umsetzen zu können. Um dies möglich zu machen, müssen die alten Systeme zusammenbrechen, wenn die derzeitigen Führungskräfte nicht den Mut zum Umdenken finden.

Wer genau wird denn durch einen Zusammenbruch der sogenannten Märkte wirklich zu Schaden kommen? Doch nur die Großbanken, Großkonzerne und alle Spekulanten im Allgemeinen. Genau die Menschen und Institutionen, die durch die Vergabe von Risikokrediten und vagen Schuldverschreibungen, die mit weiteren Krediten abgesichert werden, den Investitionswahn verursacht haben. Also alle die, die an den Kursgewinnen dieser ohnehin nur theoretischen Märkte profitieren ohne selbst direkt am Markt tätig zu sein.

Alle die Menschen, die den tatsächlichen Markt bilden, werden keine realen Verluste haben. Der Bäcker wird weiter sein Brot backen und verkaufen. Der Tischler wird weiter seine Möbel bauen und verkaufen. Die Ärzte, Lehrer und Berater werden weiter ihre Arbeit tun, ihre Patienten, Schüler und

Klienten kommen weiterhin. Jeder Mensch, der etwas Praktisches gelernt hat und bereit ist, mit seinen Fähigkeiten dem Gemeinwohl zu dienen, wird seinen Platz finden.

Wenn es dann kein monetäres Zahlungsmittel geben sollte, dann bekommt jeder seinen entsprechenden Gegenwert in der Form, die gerade tatsächlich benötigt wird.

Das Einzige, was über einen längeren Zeitraum nicht stattfinden wird, ist mehr Wachstum. Aber will denn die Bevölkerung dieses Wachstum um jeden Preis? Nein, ganz sicher nicht, die Menschen wollen Zufriedenheit, Sicherheit und Lebensfreude. Diese Angst vor dem Stillstand, vor der Rezession als das Ende des Wirtschaftswachstums ist ein Horrorphantom. Mit diesem Schreckgespenst suggeriert die politische Führung der Bevölkerung über die Medien Angst, um sie mit dieser mentalen Vergewaltigung weiter zur Konsumgier zu bewegen, weil sie Angst vor öffentlichem Versagen haben. Die Politiker haben bereits weltweit versagt, da gibt es nichts mehr zu beschönigen oder zu rechtfertigen. Es wäre für alle besser, am besten für die Politiker selbst, sie würden dies öffentlich eingestehen.

Was sich auf jeden Fall in der Zukunft verändern wird, egal ob mit oder ohne den Gesamtzusammenbruch der „Märkte" und/oder der „Systeme", ist ein neues Selbstbewusstsein der Menschen mit einer daraus entstehenden neuen Selbstverantwortung für das eigene und das allgemeine Wohl.

Zu empfehlen wäre zu diesem Zeitpunkt ein freiwilliger globaler gegenseitiger Erlass von Schulden. Dies sollte die Privathaushalte genauso betreffen wie die privaten Unternehmen, Banken und öffentlichen Institutionen, ebenso wie Gemeinden sowie Landes- und Staatshaushalte. Diese gegenseitige Offenlegung aller Verpflichtungen würde zwangsläufig zu einer realistischen Neubewertung aller Vermögenswerte und zu einer weltweiten, gerechten Währungsreform führen.

Bedauerlicherweise ist dies wohl zur Zeit freiwillig noch nicht möglich, weil der Staat Angst vor den Banken hat. Nach einem globalen Zusammenbruch der Finanzmärkte wird eine Konfrontation unvermeidlich sein.

Der zweite wichtige Lebensbereich steht im direkten Zusammenhang zum Thema Geld. Die Liebe oder besser gesagt die fehlende Liebe zeigt sich in den Paarbeziehungen einer Gesellschaft zuerst. Seit Jahren wird jede zweite Ehe in der westlichen Welt geschieden, der Hauptgrund liegt meistens in der Enttäuschung von nicht erfüllten Partnerwünschen, dies oft in Verbindung mit materiellen Wünschen, weil sich die Ehepartner nicht verantwortlich füreinander fühlen und meinen, dass der andere für die Schwierigkeiten verantwortlich ist. Sie glauben, dass sie mit einem anderen Partner andere Erfahrungen machen, und stellen erst nach der dritten Scheidung fest, dass sie den immer gleichen Partnertyp gewählt haben.

Die Beziehungsdauer von Partnerschaften wird immer kürzer und die Beziehungshäufigkeit steigt damit nicht an, sondern die Menschen bleiben allein. Es gibt bereits viele junge Männer und Frauen, die Mitte bis Ende zwanzig sind und noch keine reale Beziehung erlebt haben. Sie pflegen Kontakte über das Internet mit Phantompartnern, die ihnen das geben, was sie sich wünschen. Die Prämisse liegt bei jeder Partnerwahl meistens auf der Erfüllung von Wünschen. Die Menschen möchten einen Partner, der so aussehen soll, wie sie es mögen. Der sie bewundern soll, sie in ihren persönlichen Ansichten bestätigen soll, dem sie befehlen wollen und der ihnen ihre materiellen Wünsche erfüllen soll.

Der Partner soll ihnen das geben, was die Kindheit ihnen nicht gegeben hat, was der Chef ihnen während der Arbeit nicht gibt und was sie selbst nicht für sich fühlen können. Der Partner soll alle Defizite ausgleichen und alle Wunden heilen, die ihnen das

Leben gebracht hat. Er soll auf jeden Fall wenigstens das mitbringen, was derjenige selbst zu bieten hat.

Dafür tun viele Menschen auch viel. Sie gehen in ein Fitnessstudio und modellieren ihren Körper mit Maschinen. Sie enthaaren ihren Körper, um sich anders, glatter, schöner zu fühlen. Sie lassen sich die Nase, die Augen, den Bauch, die Brust oder den Hintern operieren. Sie verlängern ihre Haare und färben sich um. Sie hungern ihr Leben lang, essen Watte und nehmen Designerdrogen gegen den Hunger, bis sie so aussehen wie Schaufensterpuppen. Danach fühlen sie sich nicht mehr lebendig und haben Berührungsängste.

Wer sich nie sattessen kann, ist nie zufrieden, noch nicht einmal für eine Stunde. Dieser Mensch mag sich nicht, deshalb sucht er einen anderen, der ihn mögen soll. Aber wo soll man diesen Menschen finden. Die Menschen, die man im Fitnessstudio, beim Schönheitschirurgen und in den Edelrestaurants findet, sind selten lebendiger. Sie sind alle auf der Suche nach dem Menschen, der ihre fehlende Selbstachtung ausgleicht. Ein Mensch, der sich achtet und respektiert, achtet seinen Körper so, wie er ihn bekommen hat.

Es gibt natürlich auch andere Menschen, die dies als oberflächlich ablehnen und geliebt werden wollen, weil sie selbst wertvoll sind und nicht wegen ihrer Schönheit geliebt werden wollen. Das sind meistens Menschen, die von Natur aus eine gute Selbstachtung haben, leider fehlt es ihnen meistens an etwas anderem, üblicherweise dem Selbstvertrauen. Wenn es ihnen an Selbstvertrauen fehlt, dann bauen sie schon als Jugendliche an ihrer Karriere. Sie interessieren sich schon früh für Politik und Wirtschaft und investieren viel Energie und Zeit, um sich durch persönliche Kontakte in Organisationen einen Platz zu sichern. Es gibt ihnen Selbstvertrauen, wenn sie sich innerhalb eines elitären Clubs als Mitglied einer führenden Partei oder als Führungsanwärter eines internationalen Konzerns oder einer Großbank bewegen können. Es geht ihnen nicht so sehr um das Geldverdienen als um das Image, was ihnen die Zugehörigkeit innerhalb dieser Systeme gibt. Ein Mensch mit ausreichend Selbstvertrauen würde sich einen aufregenden Beruf wählen, wenn er freiwillig entscheiden könnte. Dieser Mensch, egal ob Mann oder Frau, sucht als Partner jemanden, mit dem er sich in der Öffentlichkeit zeigen kann. Dieser Partner muss nicht unbedingt schön sein, aber er muss die Etikette und die Sprache der gewählten Klasse beherrschen. Er muss wissen, wie man sich wo und wann zu verhalten hat. Frauen mögen besonders ihre Chefs als Partner und Männer mögen gerne die Tochter des Chefs als ihre Partnerin.

Auch dafür ist ihnen keine Anstrengung und kein Weg zu viel oder zu weit. Liebe spielt hier meistens offen keine Rolle, diese Menschen sind ehrlich zu sich selbst und miteinander. Sie wissen, dass ihnen Sicherheit und Imageschutz für ihre Zufriedenheit genügt. Jedenfalls bis auch sie nach einigen Jahren erkennen, dass sie sich geirrt haben oder dass sie vom Leben enttäuscht sind.

Dann gibt es die Gruppe, die zahlenmäßig weltweit die größte ist, die gar nichts tut, weder für ihren Körper noch für ihre Karriere. Sie haben keinen inneren Selbstwert und verlangen, dass die Gesellschaft sich darum kümmert. Sie finden, dass es an der Zeit ist, dass ihnen von außen das gegeben und ausgeglichen wird, was ihnen fehlt und was ihnen zusteht. Sie erwarten viel, je geringer der innere Selbstwert, um so größer der Anspruch, ja die Erwartung an die Welt, dies auszugleichen.

Sie erwarten das Erfüllen ihrer Wünsche nicht von ihrem Partner, weil der genauso schwach und bedürftig ist wie sie selbst. Sie erwarten aber von ihrem Partner, dass er ihnen Zustimmung gibt und sie in ihrem Anspruch stärkt, dass alles von den Mächtigen und Starken der Gesellschaft für sie getan wird, was sie brauchen. Sie haben akzeptiert, dass sie sich innerhalb dieser Gesellschaft nicht etablieren oder durchsetzen können. Sie sind bereit, auch ihre

Kinder darauf vorzubereiten, dass sie eine Karriere als Sozialfall anstreben können. Diese Menschen erleben auch die Partnerwahl nach den Zufallsprinzip, was ihnen gerade so kommt, wird als Partner genommen, aber natürlich nicht als Liebespartner, sondern als Schicksalsschlag. Sie fragen sich ihr Leben lang, warum das Schicksal es so schlecht mit ihnen meint, und stellen ihr Leben lang Forderungen an die Gesellschaft und schimpfen ihr Leben lang auf diese Gesellschaft, die sie nicht angemessen versorgt.

Sind diese Menschen schlecht? Ganz bestimmt nicht! Sie sind unbewusst und das wird sich ändern müssen. Sie sind die Hoffnungslosen, die alles mit sich geschehen lassen, solange die Gesellschaft sie trägt. Die Gesellschaft sollte sie nicht auf diese verantwortungslose Weise tragen. Diese Menschen benötigen Bewusstseinsarbeit, damit sie zu Hoffungsträgern werden durch die Eigenverantwortung, die in ihnen ganz natürlich durch neue Bewusstheit entstehen wird. Das Ergebnis wäre eine fundamentale Entlastung für die ganze Gesellschaft.

Mit Gewissheit darf davon ausgegangen werden, dass die Masse der Partnerschaften und Beziehungen erst im Laufe der nächsten fünf Generationen wieder auf die Basis von Liebe und Verständnis füreinander kommen werden. Die berechnende Logik, mit der heute viele Partnerschaften geschlossen werden, um die egozentrierten Wünsche und Ziele zu erreichen, kann nicht mit einem Wimpernschlag in reine Liebe verändert werden. Es braucht Zeit zum Üben und Wachsen. Es braucht auch die Erschütterung des einzelnen Menschen durch das gemeinsame Überwinden von schlechten Zeiten mit dem Partner, um zu erkennen, was er selbst durch Neid, Gier und Stolz mit sich und anderen Menschen angerichtet hat.

Es wird nicht so schlimm kommen, dass die Welt untergeht, das ist gewiss, besonders da dies gar keinen Belehrungswert hätte. Die richtigen Belehrungen werden genau die richtigen Menschen treffen, um sie zur Liebe und zum Mitgefühl zu führen, denn Gnade fließt für alle Menschen.

Es gibt auch heute schon viele Menschen, die durch den eigenen Bewusstwerdungsweg den anderen Menschen als Vorbild und als Beziehungscoach dienen können.

Die Grundlage für die Liebe in jeder Beziehung ist das Zurückstellen der eigenen Wünsche zum Wohle der ganzen Familie oder Gruppe und die Bereitschaft, besonders in alltäglichen Dingen vergeben zu können.

Aus den Beziehungen jeder Art, ob als Paar, Eltern und Kinder, Gruppe gegen Gruppe oder Land gegen Land ergeben sich als dritter wichtiger Lebensbereich die Beziehungskonflikte. Diese Konflikte können sich bis zum Krieg miteinander, also bis zum Einsatz von physischer Gewalt ausweiten, wenn keine Einigungen erzielt werden können. Über die Ursache, warum die Menschen überhaupt miteinander streiten, habe ich an einer anderen Stelle dieses Buches schon einmal geschrieben.

Menschen, die miteinander streiten, akzeptieren ihre miteinander erlebte Wirklichkeit nicht und suchen nach Wegen, diese Wirklichkeit so zu verändern, dass sie mit ihren Vorstellungen übereinstimmt. Das bedeutet, der Kampf entsteht in ihnen durch ihre Gedankenmuster, die mit der Wirklichkeit negativ korrespondieren. Es wäre der einfachste Weg für die Menschen, zum Frieden zu kommen, wenn sich ihre Gedankenmuster einfach der Wirklichkeit anpassen. Das erfordert aber ein hohes Bewusstsein und viel Übung und Zeit, damit sich daraus die entsprechende Bewusstheit entwickelt, die jede Wirklichkeit unmittelbar ohne Widerstand akzeptieren kann.

Der erste Schritt für jemanden, der diese Bewusstheit noch nicht verwirklicht hat, ist die Bereitschaft zur Akzeptanz der Meinung des anderen. Versuche die Welt mit den Augen des anderen zu sehen und du wirst erkennen, dass er nicht gegen dich kämpft, sondern er kämpft gegen die Umstände und macht dich gerade für diese Umstände verantwortlich. Wenn du ihm und seiner Meinung eine generelle Akzeptanz entgegenbringst, dann ist auch er zur Akzeptanz deiner Meinung bereit und es wäre die Basis zur Versöhnung geschaffen.

Jede Auseinandersetzung, jeder Konflikt ist in Wirklichkeit ein Schattenboxen mit sich selbst. Es gibt nur eine Lösung dafür, wenn diese innerliche Konfrontation auftritt, nämlich zuerst innezuhalten und Luft zu holen, die Augen zu schließen, um nach innen zu schauen, mehrmals tief ein- und auszuatmen und dann aus der Situation herauszugehen, um die Situation neu von außen zu betrachten. Die wenigsten Menschen haben dann noch den Wunsch, bewusst wieder in den Konflikt hineinzugehen und den Streit weiterzuführen. Die meisten Menschen erkennen aus dieser Distanz die Ursache in sich selbst und es ergeben sich Lösungen, die beide Parteien zufrieden machen können.

Die meisten Konflikte entwickeln sich erst durch das Eingreifen Dritter zu einem regelrechten Krieg. Wann und in welchen Situationen ist es ratsam, sich einen Dritten zur Schlichtung oder zu Hilfe zu rufen? Wann ist es für den Dritten ratsam, sich in den

Konflikt einzumischen, und wann sollte der Dritte sich tunlichst heraushalten? Es ist niemals ratsam und es gibt keinen Grund, sich einen Dritten zur Schlichtung oder zu Hilfe zu rufen, wenn nicht beide Streitende dem ausdrücklich zustimmen. Erlebt ein Mensch seine Wirklichkeit mit einem anderen Menschen als so gewaltvoll, dass er in Angst und Ohnmacht gerät, sollte er aus der Situation physisch herausgehen und dann auch draußen bleiben, um sich eine andere Realität ohne diesen Menschen zu schaffen. Er sollte sich innerlich mit diesem Menschen aussöhnen, aber nicht aus Angst vor Neuem die Beziehung weiterführen. In manchen Situationen reicht es nicht aus, dass einer immer wieder vergibt und die Gewalt des anderen duldet. Der Mensch, dem die Vergebung leichtfällt, sollte dann die Beziehung verlassen, weil dies von ihm den Mut erfordert, der ihm zum eigenen Selbstvertrauen fehlt.

Fällt es dem Menschen hingegen schwer, zu vergeben, wenn er beschimpft oder angeschuldigt wird, sollte er solange in der Beziehung verbleiben, bis er mit leichtem Herzen jeden Vorwurf vergeben kann. Danach ist er frei und kann gehen, wohin er will. In der Regel wird er dann aber bleiben wollen, weil die Beschuldigungen und Beschimpfungen aufgehört haben und sein Partner ihn mit Respekt und Achtung behandelt.

Sich in einen Konflikt einzumischen ist dann sinnvoll und auch richtig, wenn der Helfer keine egozentrierten Motive für diese Hilfe hat. Profitiert oder partizipiert ein Dritter mit seiner Hilfe bei einem Konflikt, ist sein Engagement unrein und er schürt damit den Krieg. Handelt ein Dritter aber selbstlos, weil er von einem Schwächeren um Hilfe gebeten wird, kann diese selbstlose Hilfe den Krieg beenden. Jeder Helfer darf aber beide Parteien nicht durch seine Hilfe unterdrücken oder beschädigen. Er darf seine eigenen Vorstellungen den beiden streitenden Parteien nicht mit Gewalt aufzwingen.

Wenn der Krieg im Inneren der Menschen zum Frieden wird, werden auch die Kriege im Außen aufhören, weil es keinen weiteren Grund gibt, zu streiten. Dies ist eine Aufgabe in Geduld, also auch wieder eine Lösung durch Zeit.

Der vierte wichtige Lebensbereich, der das persönliche Wohl und Wehe von Menschen schmerzlich beeinflusst, ist die Krankheit. Jede Krankheit, egal ob physisch, mental oder emotional, ist die Konsequenz aus vielen verlorenen Schlachten gegen das Schicksal. Jedes Mal, wenn der menschliche Wille eine demütigende Niederlage, eine traurige Enttäuschung oder einen schmerzlichen Misserfolg zu verzeichnen hatte, den der menschliche Geist sich nicht automatisch vergeben konnte, wird diese Erfahrung als „Sünde", die abgebüßt werden muss, physisch verzeichnet, und zwar im Unterbauchfett, das sich im Laufe eines Lebens bildet, egal ob der Mensch dünn oder dick ist. Hier sind die Schmerzen des laufenden Lebens, aber auch die glücklichen Momente des Lebens gespeichert.

Wenn der Mensch von seinem Bauchgefühl spricht, dann meint er dieses Empfinden, das ihn an schon einmal erlebtes Gutes oder Schlechtes erinnert. Wenn das Maß voll ist, wenn die Speicherkapazität erreicht ist, beginnt der Körper automatisch mit dem Büßen seiner „Sünden" und er wird krank. Je nachdem wie der Geist die „Sünden" bewertet hat, entwickelt sich dazu später in Entsprechung die passende Krankheit.

In den meisten Fällen beginnt dieser Prozess ab dem fünfunddreißigsten Lebensjahr, weil dann gewöhnlich der menschliche Geist das erste Mal bewusst über seinen Lebenserfolg oder seinen Misserfolg nachdenkt. Wenn dies geschieht, sollte der Mensch sich mit sich selbst und seinen mentalen und emotionalen Mustern bewusst auf liebevolle Weise auseinandersetzen und nach Möglichkeiten suchen, diese Muster konstruktiv zu ändern. Wie er es oder was er dafür tut, um sein Bewusstsein zu erhöhen, entscheidet jeder Mensch individuell. Es gibt dafür kein Richtig oder Falsch.

Für jeden Menschen gibt es seinen eigenen Weg zur Selbstheilung, dieser Weg offenbart sich im Inneren und zeigt sich im Außen in konkreten Angeboten, die zu ihm kommen auf leichte Art und Weise ohne Anstrengung. Alles was mit Anstrengung und Unbehagen verbunden ist, sollte der Mensch meiden. Entweder ist es nicht der richtige Weg oder nicht die richtige Zeit für diesen Weg.

Folgt der Mensch diesen ersten Anzeichen von Unbehagen seines Körpers nicht und geht er in die Selbstverleugnung durch Bequemlichkeit oder Angst, kommt es in den meisten Fällen ab dem fünfundvierzigsten Lebensjahr zu den ersten schweren Krankheitssymptomen. Zu diesem Zeitpunkt kann noch viel Schmerz durch den Selbstheilungsprozess abgewandt werden. Je später ein Mensch mit seiner Selbstkonfrontation beginnt, umso schwieriger ist die Erlösung und Wandlung seiner früheren Programmierung der Selbstzerstörung.

Den Bereich der eigenen Krankheit hat der Mensch wirklich unmittelbar allein in seiner Macht, und zwar liegt die Lösung darin, wie er über sich selbst denkt. Diese Angewohnheit, schlecht über sich zu denken, ist die schlechteste und folgenschwerste schlechte Angewohnheit, die es gibt. Viel schlechter als das Rauchen oder das gelegentliche Lügen aus Vermeidung von Strafe.

So wie jemand über sich selbst denkt, so denkt er auch über andere Menschen. Die eigenen Gedankenmuster können an der Art und Weise, wie über einen anderen Menschen gedacht wird, kontrolliert werden. Das Denken zu ändern erfordert kein hohes Bewusstsein, sondern lediglich die Bereitschaft zur positiven Veränderung und regelmäßige Disziplin.

Der fünfte Lebensbereich, von dem sich ganze Nationen freiwillig gefangen nehmen lassen, ist die Zukunftsangst. Das Schwarzmalen der Zukunft ist die Steigerung des schlechten Denkens und gehört zu den beliebtesten schlechten Angewohnheit der Menschen. Nicht genug, wenn es schlechte Nachrichten zu vermelden gibt. Die Menschen nehmen Katastrophen nicht einfach nur zur Kenntnis und haben Mitgefühl für die Betroffenen oder denken daran, wie sie helfen können. Nein, sie malen am liebsten mit einem Partner oder auch gerne in Gruppen das weitere Schicksal der Betroffenen dieser Katastrophe für die Zukunft schwarz und schwärzer, bis ihnen die Puste ausgeht und sie atemlos werden vor lauter Eifer.

Diesen Menschen ist sicherlich nicht klar, dass sie damit ihre eigene Zukunft schwarzmalen. Der betroffene Mensch, über den gesprochen wird und dessen Zukunft gerade verbal weiter ruiniert wird, ist ein Beispiel für die dramatischen Situationen, von denen der Schwarzmaler bisher verschont wurde. Empfindet er echtes Mitgefühl, bleibt er auch weiterhin von ähnlichen Dramen verschont, geht er aber mit großem Enthusiasmus in das Verbreiten und Kommentieren von schlechten Nachrichten hinein, wird in absehbarer Zeit auch seine Zukunft schwarz und schwärzer sein. Das ist das karmische Resonanzgesetz.

Es ist gar nicht oft genug zu wiederholen und deshalb wiederhole ich es noch einmal. Der Geist des Menschen hat Schöpfungskraft und in Verbindung mit dem gesprochenen Wort große Manifestationskraft. Dass die Erde sich in diesem Zustand befindet, ist das Ergebnis der erfolgreichen kollektiven Schwarzmalerei der Menschen deiner Welt.

Nutze die Kraft deines Geistes und schaffe dir eine Zukunft voller Liebe, Glück und Freude. Du bist der Schöpfer deines Lebens, vergiss das nicht! Es gibt keinen Gott im Außen, es gibt nur dich als den einen Schöpfer deines individuellen Universums. Der göttliche Vater, die göttliche Mutter, auch sie sind von dir selbst individuell geschaffene Führungs- und Leitinstanzen, die dich an das Höchste in dir erinnern sollen, wenn du dich selbst verloren hast und den Weg zurück nicht mehr finden kannst. Sie haben genau die Macht oder die Ohnmacht, die du ihnen gegeben hast. Sie geben dir Licht und Liebe in dem Maße, wie du deine Liebe fühlen kannst und dein Licht leuchten lässt.

Ich bin zu dir auf diese Weise gekommen, um dich daran zu erinnern und dir meinen Weg zu eröffnen, der sicher und frei zurück zu unserer Weltenseele führt.

Zum Abschluss nutze ich meine Schöpfungskraft auch für dich und male dir und deinen Nachkommen eine Welt im Frieden voller Mitgefühl und Nachsicht für alle Menschen miteinander und untereinander. In dieser Welt haben die Missgunst, die Habgier und der Ehrgeiz keinen großen Platz und gerade deshalb sind die Schönheit, der Reichtum und das Vertrauen die Grundlagen, auf die diese Welt gebaut wurde.

Das ist kein Weißmalen, sondern tiefes Wissen, aus dem heraus ich schreibe. Dieses Wissen bezieht sich auf den globalen Bewusstseinswandel, der genau so real ist wie der Klimawandel. An den Kindern der nächsten Generation ist dies schon zu sehen und zu erleben. Viele der Kinder, die seit 2007 geboren wurden, haben eine innere Instanz von Weisheit in sich, die beispielhaft für ihre ganze Familie ist. Ich erlebe diese Kinder mit ihrem wachen Bewusstsein in meiner eigenen Familie und in meiner Schülerschaft, das gibt mir die Gewissheit über die Verwirklichung dieser neuen Welt.

Die Welt ist mitten in einem Evolutionssprung. So wie der Homo sapiens den Homo erectus und den Neandertaler überlebt hat, so wird der alte Homo egocentricus dem neuen Homo illustris weichen müssen durch natürliche genetische Auslese.

Das ist gewisslich wahr!
AmaMia

Außerdem von Mhaádeii im elph|media Verlag erschienen:

Lebensreise - Erinnerst du dich?
ISBN 978-3-942415-00-2

Lebenspiel - Erkennst du dich?
ISBN 978-3-942415-01-9

Lebensschule - Verstehst du dich?
ISBN 978-3-942415-02-6

Erhältlich im Buchhandel oder unter www.elph-media.net